AUFBRUCH

Frauen machen sich stark für eine Kultur des Friedens

Anna Gamma, Pia Gyger,
Annette Kaiser,
Sabine Lichtenfels

AUFBRUCH

Frauen machen sich
stark für eine Kultur
des Friedens

Theseus Verlag

© Theseus in J. Kamphausen Mediengruppe GmbH, Bielefeld 2014

Lektorat: Susanne Klein, Hamburg, www.kleinebrise.net
Satz: Ingeburg Zoschke, Berlin
Umschlaggestaltung: Morian & Bayer-Eynck, Coesfeld, www.mbedesign.de
Umschlagabbildung: © Hluboki/shutterstock
Druckerei: CPI – Clausen & Bosse, Leck

www.weltinnenraum.de

2. Auflage 2014

Bibliografische Information der Deutschen Nationalbibliothek:
Die Deutsche Nationalbibliothek verzeichnet diese Publikation in der
Deutschen Nationalbibliografie; detaillierte bibliografische Daten sind
im Internet über
http://dnb.d-nb.de abrufbar.

ISBN Printausgabe: 978-3-89901-715-1
ISBN E-Book: 978-3-89901-880-6

Mehr Bäume.
Weniger CO_2.
www.cpibooks.de/klimaneutral

Für alle Frauen und Männer,
die sich für eine
Kultur des Friedens engagieren

Wir danken allen Frauen und Männern – Partnern, Freundinnen und Freunden, Schülern und Schülerinnen –, die mit uns mit Herz und Hand auf dem Weg zu einer friedvolleren und gerechteren globalen Gemeinschaft sind.

Wir danken insbesondere dem Verleger Joachim Kamphausen für seine Bereitschaft, dieses Buch – ein Zeugnis der Kooperation von vier spirituellen Lehrerinnen – in sein Verlagsprogramm aufzunehmen. Dank auch an Susanne Klein, die als Lektorin die Entstehung des Buches sorgfältig und liebevoll begleitet hat. Ein Dank gehört auch Margret Mellert für ihr exaktes Korrekturlesen.

Inhalt

Einführung –
die Zeit ist reif für eine neue Zivilisation

Erde und Menschheit an einem Wendepunkt

Es ist ein Faktum: Die Globalisierung ist allgegenwärtig. Der technologische Fortschritt hat der Menschheit in den letzten Jahrzehnten Möglichkeiten beschert, die atemberaubend sind. Über Kontinente und Meere hinweg können Menschen in »Jetztzeit« miteinander kommunizieren, sogar von Angesicht zu Angesicht. Die Informationskanäle des World Wide Web umhüllen die Erde wie ein einzigartiges Nervensystem, ein globales Gehirn. Eine Folge davon ist die sich immer weiter verbreitende 24/7-Gesellschaft, das heißt, dass immer mehr Menschen an allen 7 Tagen der Woche 24 Stunden erreichbar bzw. verfügbar sind. Sie nehmen ihr Smartphone auch mit ins Schlafzimmer. Manche wollen, andere müssen mit der Welt zu jeder Tages- und Nachtzeit verbunden sein.

Doch diese Entwicklung hat empfindliche Auswirkungen auf die menschliche Gesundheit. Während Maschinen nie ermüden, weder Pausen noch Schlaf benötigen, brauchen Menschen nach der Aktivität eine Phase der Ruhe und Erholung. Leben sie über längere Zeit nicht im Einklang mit den natürlichen Rhythmen, können Hörsturz, Burn-out oder Herzkrankheiten auftreten. Traurig genug, dass diese Krankheitssymptome je länger, umso öfter auch jüngere Menschen bereits in den ersten Berufsjahren treffen. Und noch eine fatale Folge zeigt sich in jüngster Zeit. Trotz der großartigen technologischen Möglichkeiten, sich mit anderen zu verbinden, vereinsamen immer mehr Menschen. Die Freunde, die wir auf Facebook oder Twitter

»treffen«, sind eben kein Ersatz für die konkrete menschliche Begegnung und Berührung.

Zudem wächst die Angst vor unkontrollierbaren globalen Prozessen, ausgelöst durch die Überrüstung, den Raubbau an den Ressourcen, die fortschreitende Verknappung des Trinkwassers, die wachsende Migration, die Häufung von Umweltkatastrophen, die Krisen des Finanzsystems … Die Liste scheint mit jedem Tag länger zu werden. Mit Blick auf diese Entwicklungen wird nicht nur in der Politik von einem notwendigen Gestaltwandel mit globalem Ausmaß gesprochen. Immer mehr Menschen erkennen, dass auf die Dauer die Flucht in die heile Welt eines Schrebergartens – der manchmal durchaus ein ganzes Land umfassen kann – keine Lösung ist. Was wir heute brauchen, ist eine globale Weltordnung, in der alle Akteure, ja die gesamte Gesellschaft, die länderübergreifenden Aufgaben im Bewusstsein der Zusammengehörigkeit gemeinsam angehen und regeln.

In den letzten Jahrzehnten haben namhafte Persönlichkeiten für dieses Projekt Grundlagenforschung betrieben, allen voran der Tübinger Theologe und Autor Hans Küng. Mit den Prinzipien eines Weltethos[1], in dem Gerechtigkeit, Gewaltlosigkeit, Wahrhaftigkeit und Partnerschaft von Mann und Frau im Zentrum stehen, werden für jeden einzelnen Menschen Möglichkeiten aufgezeigt, in diesem globalen Projekt mitzuwirken. Niemand ist dafür zu klein, zu wenig intelligent, zu arm oder zu ohnmächtig. Immer dann, wenn wir uns für mehr Fairness, Solidarität, Authentizität und Ebenbürtigkeit in einer Beziehung einsetzen, treten wir aus der Ohnmacht heraus und arbeiten mit am Feld einer neuen globalen Zivilisation. Noch ist der Ausgang des Experiments ungewiss, und auch dieses Buch kann keine fertigen Antworten liefern. Wenn ich dazu nach meiner Meinung gefragt werde, halte ich mich gerne an die Martin Luther

---

1 Hans Küng: *Weltethos für Weltpolitik und Weltwirtschaft*

zugeschriebene Aussage: »Wenn ich wüsste, dass die Welt morgen untergeht, würde ich dennoch heute einen Apfelbaum pflanzen.«

Um dieser Bewegung Kraft zu geben, haben wir – Sabine Lichtenfels, Annette Kaiser, Pia Gyger und ich – uns gefunden und verbunden. Seit einigen Jahren treffen wir uns in regelmäßigen Abständen, tauschen uns aus und forschen gemeinsam, beseelt von der Liebe zur Menschheit und von der Sorge um unseren Planeten Erde.

Annette Kaiser beschreibt in ihrem Beitrag, wie der Gestaltwandel, in dem wir uns befinden, die Identität des einzelnen Menschen grundlegend verändern wird. Nicht länger wird er sich über äußere Merkmale, familiären Hintergrund, Bildung oder Geschlecht definieren. Sein Wesen wird heißen: »*Ich bin.*« Sein Verhalten wird Ausdruck der Liebe sein, von Kooperation und Toleranz bestimmt. Dadurch werden die Menschen zu einem lebendigen Organismus, einem *Wir* zusammenwachsen und sich einfügen in das kosmische System, gleichsam auf einer neuen Bewusstseinsfrequenz.

Sabine Lichtenfels berichtet exemplarisch über einen kollektiven, ko-kreativen Prozess, der sich in der Bildung der Arbeits- und Lebensgemeinschaft Tamera im Südwesten Portugals bereits über Jahrzehnte vollzieht. In diesem Heilungsbiotop, das sie mitbegründet hat, einem Raum des Vertrauens und der Liebe, wird das kollektive Trauma von Angst und Gewalt überwunden. Nicht mehr das Abenteuer des Krieges, sondern das Abenteuer der Liebe steht im Mittelpunkt dieser Gemeinschaft. Der von patriarchalen Fesseln befreite Eros wird als Quelle des Lebens und der Liebe gefeiert. So kann Kooperation mit allem Leben wachsen und zum wesentlichen Impuls für die Heilung der Erde werden.

Pia Gyger geht in ihrem Beitrag auf die Entfaltung neuer menschlicher Sinne ein. Sie selbst hatte das Glück, in Niklaus

13

Brantschen einen Partner gefunden zu haben, der mit ihr den Weg einer vielseitig fruchtbaren Partnerschaft geht. Sie hat die Gabe der Inspiration, die sie auffordert, visionäre Impulse in Projekte umzusetzen, deren Dimension die Kräfte einer Einzelperson weit übersteigen. Nur in Zusammenarbeit mit anderen sind sie realisierbar. Bei der Verwirklichung der wichtigsten Projekte stand ihr Niklaus ebenbürtig und partnerschaftlich zur Seite. Das wohl größte und umfassendste Projekt, »Jerusalem, offene Stadt zum Erlernen des Friedens in der Welt«, ist die Krönung ihrer Partnerschaft.

Ich, Anna Gamma, zeige in meinem Text auf, wie wir als Einzelne ein Potenzial, das im Kollektiv der menschlichen Seele ruht – das des Archetypus des Priesters, der Priesterin –, annehmen und integrieren und so zu einer die Not wendenden Bewusstseinserweiterung finden können. Die Priesterin des Alltags ist berufen, ihre im Urgrund allen Lebens verankerte Seinsmacht in den Dienst der globalen Zeitenwende zu stellen. Die Priesterin wandelt im Namen der göttlichen Kraft zerstörerische Kräfte. Sie versöhnt, was getrennt ist, und heilt, was verwundet ist. Segnend eint sie Himmel und Erde.

Von der Kriegskultur zur Friedenskultur

Unsere Freundschaft, den Prozess der Themenfindung und das Schreiben der Artikel für dieses Buch verstehen wir zudem als unseren Beitrag zur Transformation eines alten, tief in uns verwurzelten Konkurrenzdenkens, eines Verhaltensmusters, dem wir überall begegnen, und das leider auch zwischen spirituellen Lehrerinnen und Lehrern verbreitet ist. Wir legen damit Zeugnis ab für eine Transformation, in der wir auf dem Weg zu einer geeinten Menschheit stehen. Wir dokumentieren das Erwachen aus der Illusion des Getrenntseins, ein Erwachen, das uns immer besser dazu befähigt, entsprechend der Grundmatrix des

Universums das eigene Leben zu gestalten. Als Teil des großen vibrierenden Netzes, das Leben heißt, sind wir abhängig und angewiesen auf Mitmenschen und Mitwelt. Wo dieses neue Bewusstsein lebendig wird, kann es keine destruktive Konkurrenz und keinen Krieg mehr geben. Die globale Kriegskultur wird in der Konsequenz von einer Friedenskultur abgelöst.

Auch die Frauen, nicht nur die Männer, die hauptsächlich in der Kriegsmaschinerie Dienst tun, sind hier gefordert. Die Konkurrenz unter Frauen ist meist latent und unbewusst. Sie entlädt sich von Zeit zu Zeit im ebenso bekannten wie beschämenden »Zickenkrieg«. Mögliche Gründe für dieses Verhalten finden sich in der Geschichte der Evolution. In den Anfängen der Menschheit war der Kampf ums Überleben der eigenen Familie und Sippe eine der zentralen Aufgaben. Körperlich tüchtige Menschen hatten die besseren Chancen. So klingt denn auch die These, dass Frauen um den besten Samen des kraftvollsten Mannes wetteiferten, ziemlich einleuchtend. In einem Workshop zum Thema »Von der Kriegskultur zur Friedenskultur« befragte Pia Gyger einmal Frauen, was aus ihrer Sicht der Beitrag der Frauen zum Krieg sei. Sie wurden gebeten, ihre Erkenntnisse nicht zu zensieren, sondern vielmehr in großer Freiheit einer Schattenseite des kollektiven Frauenkörpers eine Stimme zu geben. Was sich dann zeigte, war ebenso erschütternd wie befreiend.

Hier ein paar Zitate:

* *Wir sind Komplizinnen der Machtgier der Männer durch Schweigen, Feigheit und Passivität.*
* *Wir haben unsere Macht delegiert und uns in der Opferrolle versteckt, um nicht zur Verantwortung gezogen zu werden. Gleichzeitig haben wir den Männern die Schuld zugeschoben und das Töten an sie delegiert.*
* *Wir haben im Kollektiv geschwiegen, wenn unsere Mütter als Hexen verbrannt und unsere Schwestern und Töchter vergewaltigt wurden.*

- *Wir haben das Zuschauen beim manchmal tödlich endenden Kampf der Männer als Teil des sexuellen Vorspiels benutzt. Der Stärkste sollte Vater meiner Kinder werden. Damit war das Überleben meines Stammes, meiner Familie, meines Blutes gesichert.*
- *Wir instrumentalisierten den Mann, um die schönere, fremde Frau zu töten.*
- *Wir haben unsere Söhne und Männer in den Krieg ziehen lassen und es genossen, während ihrer Abwesenheit zu Hause das Zepter zu führen.*
- *Wir haben es zugelassen, dass Männer für sich und uns ganze Kolonialreiche eroberten und unterwarfen und (auch für uns) die Natur grenzenlos ausbeuteten.*
- *Wir haben schweigend zugesehen, wie Männer immer mörderische Waffenarsenale entwickelten, die inzwischen den ganzen Planeten bedrohen.*

Von der Konkurrenz zur Kooperation und Ko-Kreation

Der destruktive Konkurrenzkampf herrscht nicht nur unter Frauen, er bestimmt viele Lebensbereiche, bedauerlicherweise auch jene der Religion und Spiritualität. In meinem Zen-Training bin ich ernüchtert mehreren alten Geschichten begegnet, die den Kampf zwischen zwei Zen-Meistern dokumentieren. Diese stritten sich darum, wer von ihnen die tiefere Zen-Erleuchtungserfahrung habe.[2] Irgendwie aus der Menge herausragen zu wollen – schöner, besser, größer oder auch reicher als andere zu sein –, scheint ein wichtiger Impuls des Menschen zu sein. Dahinter verbirgt sich jedoch ein anderes, wesentlicheres Bedürfnis, nämlich die Sehnsucht, jenseits von Leistung, Rang und Status erkannt und geliebt zu werden.

---

2 Yamada Kôun Roshi: *Die torlose Schranke – Mumonkan*, S. 79 f.

Niklaus Brantschen, Pia Gyger und ich haben im interreligiösen Erfahrungsdialog zwischen Buddhisten und Christen ein Arbeitsinstrument entwickelt, das hilft, aus dem Konkurrenzverhalten auszusteigen und eine Kultur der Kooperation zu etablieren. Wir haben die Leitlinien in verschiedenen Konferenzen erprobt. Überaus hilfreich waren sie auch in Peace Camps, zu denen wir im Laufe von mehr als 20 Jahren junge Menschen aus den Krisenregionen der Welt jeweils für eine Woche in die Schweiz eingeladen hatten. Um dieses Feld der Kooperation zu aktivieren, braucht es immer wieder neu die Bereitschaft,

* offen und achtsam zuzuhören,
* voneinander zu lernen,
* die Ergänzungsmöglichkeiten in den Unterschieden und Widersprüchen wahrzunehmen.

In diesem Prozess stehen wir vier Frauen seit Jahren. Wir sind sehr verschieden im Temperament, in der Lebensweise, in unserem spirituellen Unterwegssein und ergänzen uns gerade deshalb so gut. In den Begegnungen wurde deutlich, dass auf die Kooperation eine weitere Stufe der Zusammenarbeit folgt, die der Ko-Kreation. Diese ist erst zu erreichen, wenn die destruktive Form der Konkurrenz transformiert und überwunden ist. Neben den oben beschriebenen Voraussetzungen für Kooperation sind folgende darauf aufbauende persönliche Haltungen erforderlich:

1. Bereitschaft, gleichzeitig nach innen und nach außen zu hören: Allzu oft finden Gespräche auf der Ebene eines einfachen Informationsaustausches statt. Jeder Dialog trägt in sich jedoch die Möglichkeit einer tieferen Begegnung mit sich selbst und mit dem Gegenüber. Sie ereignet sich im Raum der Resonanz und Schwingung, in dem neben den Denkprozessen auch Körpersignale, Assoziationen und Gefühle gleichwertig wahrgenommen werden.

2. Bereitschaft, sich auf die Herzenergie einzuschwingen, d. h., sich mit dem Herz aller Herzen und mit den Herzen der Menschen in der Gruppe zu verbinden: Das Herz ist das alles verbindende und ordnende Organ im menschlichen Körper und im Kontakt mit anderen Menschen auf Verbindung und Beziehung geeicht. Kardiologen wie Paul Pearsall gehen in ihrem Ansatz noch weiter und beschreiben das Herzenergiefeld als das alles verbindende energetische Informationsfeld im Universum.[3] Im Klartext heißt dies: Gelingt es, sich auf dieses Energiefeld einzulassen, erhalten wir Informationen, die weitreichende Konsequenzen haben können.

3. Bereitschaft, Impulse aus der eigenen Mitte ohne Zensur aufsteigen zu lassen, festzuhalten und ins Gespräch einzubringen: Die Schlüssel zur kosmischen Bibliothek in uns heißen Intuition und Inspiration. Sie werden dann aktiviert, wenn die Betawellen in unserem Gehirn durch meditative Übungen ergänzt werden von den Alphawellen.[4] So kommt das Tagesbewusstsein, der stetig plappernde Affengeist, zur Ruhe. Wird der rational denkende Geist ruhiggestellt, dann darf sich in einer Gruppe ein ordnendes, sich selbst organisierendes Lebensprinzip zeigen.

Neben der persönlichen Einstellung braucht es auch Strukturelemente für den Umgang im Arbeitsteam. Folgende Prinzipien haben sich als hilfreich erwiesen.

1. Bereitschaft, miteinander zu schweigen und sich für den Raum des Schweigens und der Stille immer wieder zu öffnen: Die gemeinsame Praxis der Stille beruhigt den geschwätzigen Alltagsgeist, öffnet uns für tiefere Schichten des Menschseins. Die kollektive Weisheit wird dann in einer Gruppe

---

3 Vgl. dazu Paul Pearsall: *Heilung aus dem Herzen*

4 Anna Wise: *Awakening the Mind – A Guide to Mastering the Power of Your Brain Waves*, S. 24 ff.

aufleuchten, wenn ein Achtsamkeitsfeld, ein hellwacher Energieraum entsteht, der durch die Präsenz, das bewusste Gegenwärtigsein der Teilnehmenden, aufgebaut wird.

2. Bereitschaft, Unterschiede zuzulassen und das Ergänzungspotenzial in den Unterschieden zu finden: Was dem logisch rationalen Verstand fremd ist, empfängt der Geist der Einheit als willkommenen Reichtum. Je größer die Unterschiede, desto reicher sind auch die Möglichkeiten gegenseitiger Ergänzung.

3. Bereitschaft, ziellos-zielorientiert zusammenzuarbeiten und der Zukunft in der Gegenwart Raum zu schaffen: Wer schon weiß, wohin es führen wird, schafft nichts Neues. So geht es darum, sich je neu vom Ziel ziehen zu lassen und dieses nicht im Voraus zu bestimmen. Im wachen, ko-kreativen Achtsamkeitsfeld zeigen sich verschiedene Zukunftsmöglichkeiten. Die Zukunft ereignet sich im »Jetzt«. Wir alle sind Mitschöpferinnen der Zukunft! Sie tritt durch unsere Entscheidung aus dem Raum der Möglichkeiten. Das Neue fordert heraus, Altes und Vertrautes loszulassen und sich für das Unbekannte zu öffnen. Ohne die Bereitschaft, sich selbst diesem Transformationsprozess zu überlassen, kann Neues nicht inkarniert, nicht Wirklichkeit werden.[5]

4. Bereitschaft, gemeinsam Strategien der Umsetzung zu erarbeiten und entsprechende Schritte einzuleiten: Visionen und Ziele brauchen Pläne für die konkrete Umsetzung und Implementierung. Sonst bleibt die Vision luftig, bestenfalls interessant, führt jedoch nicht zu wirklichen Veränderungen.

---

5 Vgl. Claus Otto Scharmer: *Theorie U. Von der Zukunft her führen. Presencing als soziale Technik*

Sinn für Erde, Menschheit und All

Auf die Frage, welchen persönlichen Beitrag Frauen zum Frieden auf unserem Planeten leisten können, gaben die Frauen, die sich kurz zuvor mit großer Ehrlichkeit ihren Schattenseiten geöffnet hatten, folgende Antworten:

* *Ich übernehme die volle Verantwortung für meine eigene Seinsmacht.*
* *Ich kommuniziere offen das Wesen der weiblichen Sexualität und fordere deren Achtung ein.*
* *Ich stehe mit dem Herzen für mein inneres Wissen ein und vertraue meiner inneren Führung.*
* *Ich gehe neue Wege mit meinem Partner, meinem Chef, meinen Kollegen.*
* *Ich vermittle meinen Söhnen, was Freude bedeutet und wie wir alle dazu beitragen können.*
* *Ich ehre und würdige Frauen in ihrem Potenzial und ihrem Können.*
* *Ich bin bereit, Männer in ihrer inneren Schönheit zu berühren.*
* *Ich mache lautstark, aber liebevoll auf die Nöte des Planeten aufmerksam.*

Solche Antworten wecken Hoffnung. Sie sind Wegbereiter für eine neue Kultur des Miteinanders von Mann und Frau.

Heute, da das Boot Erde voll ist, geht es weniger um die Erhaltung der Spezies Mensch durch Reproduktion als vielmehr um die Bewahrung des ganzen Ökosystems. Das Kind, das wir gemeinsam zu hüten und zu pflegen haben, ist die Erde selbst. Wenn die von der Arterhaltung befreite Sexualität, das Leben spendende, machtvolle Feuer in uns, nicht unterdrückt oder missbraucht wird, so wird diese Kraft nach Teilhard de Chardin zum Motor der Entwicklung neuer Sinne[6] – eines Sinnes für die Menschheit, die Erde und das Universum.

Alle vier Frauen sind beseelt vom globalen Kulturwandel, der auch die gesellschaftlichen Prozesse und den Strukturwandel im Blick hat. Wir bezeugen mit unserem Leben und Wirken, dass wir uns mitten im Aufbau einer neuen Zivilisation befinden. Wir sind gewiss, damit nicht allein zu sein. Diese Wandlung ist in die Hände aller Menschen gelegt. Niemand kann sich dieser Verantwortung entziehen. Lassen Sie sich, liebe Leserin und lieber Leser, von den Zeugnissen der vier Frauen inspirieren und motivieren, Ihre je eigene Aufgabe in diesem globalen Projekt zu finden und zu realisieren. Nicht nur wir Frauen, die Erde und die Menschheit danken Ihnen dafür!

Anna Gamma – auch im Namen von
Pia Gyger, Annette Kaiser und Sabine Lichtenfels

---

6 Teilhard de Chardin: *Die Menschliche Energie*

Bewusstseinswandel –
ein kosmisches Ereignis

von Annette Kaiser

*Annette Kaiser ist Ökonomin und
spirituelle Lehrerin in einem universellen,
transkonfessionellen Verständnis sowie
spirituelle Leiterin der Villa Unspunnen (Schweiz)
und der Windschnur (Deutschland).
Sie hat den Übungsweg DO entwickelt,
eine eigene Taiji-Schule gegründet und ist
Autorin mehrerer Bücher.*

Neuorientierung

Mit gesundem Menschenverstand betrachtet wissen wir alle, dass die Entwicklung auf der Erde sowohl in lokalen als auch in globalen Zusammenhängen eine grundlegende Neuorientierung braucht. Die expansive Entwicklungsstrategie der letzten 150 Jahre geht zu Ende. Heute benötigen wir eine vertikale Entwicklung, das heißt einen grundlegenden Bewusstseinswandel. Einerseits würdigen wir dabei, was uns von vielen einzelnen Menschen, Bevölkerungsgruppen und Kulturen aus Nord, Süd, Ost und West über all die Jahrhunderte hindurch an Wissen, Weisheit, Erfindungen und Entwicklungen überbracht wurde. Sie alle haben auf bestimmte Weise zum Wohle des heutigen Ganzen beigetragen. Andererseits ist eine radikale Neuorientierung vonnöten: Von etwas mehr als sieben Milliarden Menschen leben drei Milliarden Menschen in Armut, zwei Milliarden davon sogar in extremer Armut. Das ist einfach viel zu viel. Jedes Herz schreit dabei auf, und dies ist nur ein Indikator unter vielen, die uns darauf hinweisen, dass etwas auf dieser Erde grundlegend nicht mehr in Ordnung ist.

Gleichzeitig ist es historisch betrachtet das erste Mal, dass uns Menschen ein Gesamtüberblick über die Erde möglich ist: Wir können die Erde in ihrer Totalität erstmals erkennen und haben Zugang zu Informationen aus der ganzen Welt. Wir realisieren dadurch vor allem, welche Spuren die Menschheit durch ihre heutige Lebensweise auf der Erde hinterlässt. Wir realisieren auch mit Blick auf das Ganze, dass es an uns Menschen liegt, jetzt eine tiefgründige Neuorientierung hervorzubringen. Es geht dabei um die Grundlage einer neuen Zivilisation. Die Basis dafür ist, vereinfacht gesagt, ein Bewusstseinssprung von »Ich bin Hanna«/»Ich bin Karl« – und damit unverbunden – dies und das, zu »*Ich bin*«, das heißt unbegrenzt fühlende Präsenz von Moment zu Moment – die Eine untrennbare Wirklichkeit, die sich selbst offenbart. Das ist ein gewaltiger Bewusstseinswandel. Er vermag die drei grundlegenden Mythen[7] der Trennung zu transformieren:

Der erste Trennungsmythos besteht in der Vorstellung, dass der lebende und erlebende Mensch letztlich ein unabhängiges und definierbares Bewusstsein ist. Wir glauben, eine separate, von allen anderen und allem anderen getrennte selbstständige Entität zu sein. Das ist eine von Menschen kreierte Idee. Das Ego-Ich ist die einzig aktive Quelle allen Verschiedenseins, und das heißt auch, die Quelle der Trennung. Es projiziert ständig aktiv aus sich heraus die Vorstellung des Getrennt- und Verschiedenseins in die Welt. Die Welt an sich ist jedoch ein nahtloses Ganzes, das von Natur aus von dem Muster der immer schon bestehenden Einheit gekennzeichnet ist.[8]

Durch den ersten Mythos des Getrenntseins entsteht sogleich der zweite Mythos der Trennung: Wenn ich hier getrennt von allem anderen bin, so ist alles andere getrennt von mir. Selbst und Nicht-Selbst sind somit getrennt. Wo aber Trennung ist, wo das andere ist, da ist auch die Angst, heißt es in den Upanishaden[9], und dementsprechend denken, sprechen und handeln wir Menschen.

Der dritte Mythos geht davon aus, dass Selbst und Nicht-Selbst von dem Großen Anderen, manchmal auch als das Göttliche bezeichnet, getrennt sind. Auch dies ist eine von

7 Vgl. Adi Da: *Nicht-Zwei ist Frieden*, S. 173 f.
8 Vgl. ebd., S. 166 f.
9 Vgl. ebd., S. 23

Menschen gemachte, falsche Vorstellung: Alle sind schon immer eins – vor jeglicher Verschiedenheit. Es gibt keine Trennung.

Dieser anstehende Bewusstseinswandel, durch den wir Menschen die untrennbare Einheit allen Seins und Werdens vor jeglicher Verschiedenheit erkennen können, hängt mit den Zyklen der Erde zusammen. Sie selbst macht eine Zeit des großen Wandels durch.

Die Erde hat ihre ganz eigenen Rhythmen und Zyklen. Einer der dramatischsten ist der Zyklus der Auslöschungen, der alle 64 Millionen Jahre stattfindet. Warum dem so ist, können wir nicht verstehen. Dabei handelt es sich um eine Massen-Auslöschung, in deren Verlauf mehr als 80 Prozent aller Spezies verschwinden und damit die Verschiedenheit der Lebensformen verringert wird. Darauf folgt unmittelbar ein plötzliches Aufblühen neuer Lebensformen, oftmals noch reichhaltiger als zuvor.[10] Die letzte Massen-Auslöschung fand vor etwa 64 Millionen Jahren statt. Dies war das Ende der Kreidezeit, während der die Dinosaurier auf der Erde ausstarben. Nun steht der Beginn des nächsten großen Zyklus an. Dieser Prozess wird wohl nicht unmittelbar heute oder morgen beginnen, sondern eher in einer Zeitspanne von 500 bis 1000 Jahren, und er wird ein paar Tausend Jahre dauern. Ein weiterer interessanter Zyklus ist das Eiszeitalter, welches etwa alle 100.000 Jahre stattfindet und im Laufe dessen fast die ganze Erdoberfläche von Eis bedeckt ist. Darauf folgt ein Zyklus, der ungefähr 10.000 Jahre andauert, während dessen sich das Eis zurückzieht und eine wärmere Phase eintritt. Vor ca. 10.000 Jahren ist es wärmer geworden. Ungefähr jetzt steht also eine nächste Eiszeit der Erde bevor – vielleicht innerhalb der nächsten 500 Jahre. Einen weiteren Rhythmus bildet der geophysikalische Prozess des magnetischen Feldes der Erde.

---

10 Vgl. Shraddhalu Ranade: *Supramental Consciousness and human evolution* (Vortrag im Savitri Bhavan in Auroville am 22. Februar 2009)

Darin wird der Nord- zum Südpol und umgekehrt. Der Prozess besteht darin, dass die Magnetkraft aus den Polen schwindet, um sich neu im gegenüberliegenden Pol zu bilden. Der Polaustausch benötigt ca. 100 Jahre. Warum und wie dies geschieht, wissen wir nicht. Aber wir können heute feststellen, dass sich die Magnetpole der Erde beschleunigen – zurzeit beträgt diese Beschleunigung ca. 1 km pro Jahr –, ein Phänomen, das dem Polwechsel vorausgeht.

All diese Zyklen bedeuten Veränderung, Wandel, ja deuten auf eine drastische physikalische Veränderung in dieser Zeit hin. Es sieht so aus, als ob die Natur all ihre Rhythmen vorbereitet hätte für einen dramatischen Wandel oder Sprung. In vielen Traditionen und Kulturen wird von dieser Zeit berichtet. Der Mayakalender und Botschaften von Sehern der Hopi deuten darauf hin sowie Voraussagen der Mutter, der spirituellen Partnerin des indischen Philosophen und Yogi Sri Aurobindo, oder von Edgar Cayce, eines US-amerikanischen Mediums, und vielen anderen – sie alle sprechen von der großen Wandlung, zum Teil in drastischer Form. Wandel steht also an, aber wie soll er geschehen? Sanft, heftig, mit viel oder wenig Zerstörung?

Hier nun scheint das menschliche Bewusstsein von großer Bedeutung zu sein. Wir wissen heute, dass eine Veränderung in der Vibration der individuellen Atome zu beobachten ist, wenn viele Menschen sich miteinander verbinden – gefühlsmäßig oder in Gedanken. Im Zusammenhang des *Global Consciousness Project* wird beschrieben, wie die Vibrationen gewisser Atome im Computer gemessen werden können.[11] Dabei wurde Folgendes deutlich: Wann immer ein Massenereignis stattfindet, während dessen Menschen gleichzeitig in großer Menge zusammen fühlen oder aneinander denken, wie dies zum Beispiel nach dem

---

11 Siehe dazu: http://noosphere.princeton.edu; vgl. auch Shraddhalu Rana-de: *Supramental Consciousness and human evolution* (Broschüre zum Vortrag), S. 16

schweren Tsunami im Dezember 2004 der Fall war, kann eine Reduktion in »der Zufälligkeit der physikalischen Vibration« (»*the randomness of the physical vibration*«) aller Atome auf der Erde festgestellt werden. Damit wird auch die Aussage von Heiligen und Mystikern aller Zeiten verständlich, dass Erdbeben, Vulkanausbrüche oder Wetterbedingungen in Zusammenhang mit dem kollektiven menschlichen Bewusstsein stehen – und daraus wird auch ersichtlich: Alles ist eins. Ein Individuum vermag diesbezüglich zwar nur sehr begrenzt Einfluss zu nehmen, kollektiv hingegen sind große Auswirkungen möglich.

Für mich stehen diese Zyklen der Natur in einem Zusammenhang mit der evolutiven Entwicklung des menschlichen Bewusstseins. Es ist, als würde auf unterschiedlichen Ebenen – ob innen oder außen – geschoben, vorbereitet, darauf aufmerksam gemacht, dass wir mitten in einem nächsten evolutiven Schritt stecken. Die Entwicklungen verlaufen kreisförmig, spiralig, springend von einer Ebene in die nächsthöhere Ordnung. Der jeweilige Zyklusbeginn findet auf einer neuen evolutiven Stufe statt. In der menschlichen Bewusstseinsentwicklung steht nun ein Schritt in der hier beschriebenen beachtlichen Größe an. Die neue Basis dieses Bewusstseins ist die schon immer bestehende Einheit. Die Liebe kann somit zur Matrix des menschlichen Lebens werden, auf der eine neue Zivilisation aufgebaut werden kann, die dem Wohle des Ganzen dient. Kooperation und Toleranz werden darin zur Grundlage menschlichen Handelns, und die Menschen verstehen sich als eine große Familie, die in kosmischer Verbindung steht.

Dieser Bewusstseinswandel steht an – nicht nur für spezielle Menschen, einige wenige, sondern jeder und jede Einzelne ist heute gemeint. Es ist im tiefsten Verständnis ein kollektiver Schritt von »Ich bin dies und das« zu »*Ich bin*«. Auf diese Weise werden wir Menschen in Bezug auf unser Bewusstsein eine Art neuen, feinstofflichen Organismus bilden, ein *Wir*, das alle und alles zugleich ist. Die dem bewussten Sein inhärente Intelligenz wird das Zusammenspiel aller Teile zum Wohle aller Wesen optimieren. Es ist ein Einfügen in die größere Ordnung der Harmonie, die im universellen System schwingt. All dies geschieht innerhalb des bewusstes Seins, das sich im Werden ausdrückt. Bewusstsein ist bewusst. Es ist, als ob der Schöpfer seine eigene Schöpfung erkennt – und der Prozess des »ganz Menschseins« sich darin vollzieht. Dies ist ein kosmisches Ereignis.

Die ersten Schritte der Wandlung

Die ersten Schritte der Wandlung beginnen immer beim Individuum selbst – so wie der Weltfrieden mit dem eigenen inneren Frieden beginnt. Von diesem inneren Frieden aus wird das unmittelbare Umfeld befriedet und breitet sich dieser noch weiter aus zu einem universellen Frieden, der das Weltgeschehen in sich hält. Die ersten Schritte beginnen also bei uns selbst.

In meinem Leben gibt es verschiedene Wirkungsfelder der Wandlung. Zum einen braucht es eine ständige Wachheit, um selbst weiter zu wachsen. Präsenz kann vertieft und erweitert werden. Das Leben selbst ist dabei Spiegel und Lehrmeister zugleich. Von besonderem Interesse ist für mich das Gewahrsein selbst. Ich erforsche es buchstäblich, seine Qualitäten und Eigenschaften, die inhärente Brillanz an Intelligenz, das Leuchten der Liebe, das selbst-organisierende Prinzip darin und wie es sich selbst offenbart. Ich nenne dies Bewusstseinsforschung – ein Annähern an die Wirklichkeit.

Ein weiteres Feld ist meine Partnerschaft. Frausein heute/ Mannsein heute – was bedeutet dies? Es scheint mir, dass wir die Archetypen von Mann und Frau wieder neu zu formen haben. Dabei ist feststellbar, dass Mann und Frau immer weniger als gesonderte Größen existieren. Die früher einmal so klar zugewiesenen Rollen verschwinden im weltlichen Kontext immer mehr. Sogenannte weibliche wie männliche Aspekte sind heute in jedem Menschen auszubilden. Es findet eine Art Entwicklung hin zum androgynen Menschen statt. Dies sieht man sehr eindrücklich bei vielen jungen Menschen. Ihre äußere Gestalt wird immer ähnlicher. So wandelt sich auch die Partnerschaft, das Zusammenspiel im Miteinander. Vielleicht können nur die dahinterliegenden Prinzipien beschrieben werden. Das Fundament ist die schon immer bestehende Einheit. Das verändert das ganze Gefüge. Es sind nicht Erwartungen, Mangelgefühle usw., welche die Partnerschaft antreiben, sondern es ist die Matrix der Liebe. Darin kann sich jeder Mensch voll und ganz in seiner Seelenkraft entfalten. Es braucht auch hier Toleranz und Kooperation und einen tiefen Respekt für die Verschiedenheit.

Ich bin verheiratet mit George. Ich schätze unsere Partnerschaft, die mir eine große Freiheit ermöglicht, damit ich meinen inneren Auftrag leben kann. Wir teilen die innere Vision einer Neuen Erde, stützen uns, wo wir es brauchen, lassen Raum für die Einzigartigkeit des anderen und wachsen zusammen in Liebe für das Alles. Wir leben nur zeitweise zusammen, da wir beide viel unterwegs sind. Aber wir sprechen täglich miteinander, wenn dies möglich ist. So bleiben wir »à jour« über alltägliche Geschehnisse, tauschen uns aus, lassen Tiefe zu, teilen Freuden und manchmal auch Sorgen. Es ist ein Segen! Für mich ist diese Form von partnerschaftlicher Liebe ideal. Mein Wesen und meine Seele sind beglückt. Wir genießen im Westen eine große Freiheit in Bezug auf die Gestaltung von Partnerschaften. Vieles ist dabei in Bewegung. Wir wissen, dass ca. 50 Prozent der geschlossenen Ehen früher oder später wieder geschieden werden. Allzu oft werden Partnerbeziehungen in Abhängigkeit, Gewohnheiten, Erwartungen, Mustern und Angst vor dem Unbekannten halbherzig gelebt. Dies beruht weitgehend auf dem Welt- und Selbstverständnis des Getrenntseins. Erfüllt in Präsenz, die nichts anderes als leuchtendes Bewusstseinslicht in Liebe ist, mag sich vieles verändern. Präsenz von Augenblick zu

Augenblick ist erfüllend, in sich selbst. Das löst das Thema der Sexualität und der körperlichen Vereinigung noch nicht vollständig, aber durch das grundlegende Erfülltsein und Ganzsein von Augenblick zu Augenblick kann sich dieser Aspekt einer Partnerschaftsbeziehung leichter und vermutlich wesenstiefer ausdrücken.

Ein weiteres Wandlungsfeld ist mein Muttersein. Ich durfte zwei Kinder auf die Welt bringen und sie auf ihrem Lebensweg begleiten. Natürlich habe ich auch Fehler gemacht, die ich nicht mehr berichtigen kann. Und gleichzeitig bin ich so glücklich und froh zu sehen, wie die beiden nun schon erwachsenen Menschen Gestalt annehmen, gedeihen, blühen und in ihre Kraft kommen. Auf einer viel weitergehenden Betrachtungsebene gilt es, ganz Grundsätzliches beim Aufziehen von Kindern zu verändern. Zunächst sind alle Kinder der Welt unsere Kinder. Es gibt keine Trennung. Mit den uns anvertrauten Kindern haben wir lediglich einen intensiveren Austausch. Es geht also um ein Allverbundensein, das sich in unserer Lebensweise konkret und praktisch immer mehr auszudrücken vermag. Unser Schul- und Bildungssystem in Europa und anderswo ist weitgehend auf dem alten Paradigma der Trennung aufgebaut. Es bedarf hier der grundlegenden Erneuerung.

Es gibt heute eigentlich keinen Bereich des gesellschaftlichen Lebens im Miteinander, der nicht neu gestaltet werden sollte. Wie sehen eine Wirtschaftsform, ein Geldsystem, die Politik, die Bildung und Kultur aus, die auf dem Prinzip der Einheit aufbauen, die vor jeglicher Verschiedenheit schon immer alle und alles zugleich ist? Es gibt schon zahlreiche Menschen, die auf der Basis der schon immer bestehenden Einheit in diese Richtung schauen und in Bewegung kommen, und es werden mehr. Noch sind wir am Anfang.

Als spirituelle Leiterin der Villa Unspunnen und der Windschnur bin ich in einem weiteren Feld der Wandlung tätig. Zentral ist für mich, dass Weisheit und Liebe die Grundlage für unser Zusammenwirken bilden. So braucht es bei der Arbeit in einem spirituellen Zentrum ein gutes Auge auf allen Ebenen: im Feld des leuchtenden Bewusstseins, im feinstofflich/energetischen Bereich, im materiellen Bereich, im Miteinander als Team, bezüglich inhaltlicher Schwerpunkte, in der Entwicklung usw. Die Offenheit für Wandel ist hier immens wichtig. Ich lausche ständig nach innen, um zu sehen, was *Es* auf den verschiedenen Ebenen will. Gleichzeitig brauchen wir gesunden Menschenverstand, gute *tools*, wie etwa Grundlagen für die Kommunikation, zur Teamentfaltung usw., damit Wandel sich effizient vollziehen kann.

Ein weiteres Feld ist die spirituelle Begleitung. Dies ist meine eigentliche Aufgabe und ein Beitrag zum Bewusstseinswandel der Menschheit in einem kleinen wie in einem größeren Umfeld. Hier geht es um die Wandlung des Herzens des Individuums im heutigen Kontext einer integralen, evolutiven Spiritualität, die diese zugleich transzendiert. Bewusstseinswandel bedeutet waches Dasein im Hier und Jetzt, das sich in einer Lebensweise zum Wohle aller Wesen ausdrückt. Dies beinhaltet den nächsten evolutiven Schritt der Menschheit, sich als untrennbar eins zu verstehen und daraus eine neue Zivilisation im Miteinander zu erschaffen. Einerseits gebe ich in den Retreats einfach weiter, was ich von Frau Tweedie lernen durfte – mit Anpassungen an die heutige Zeit. Andererseits habe ich im Jahr 2000 den Integralen Übungsweg DO entwickelt, der für Menschen gedacht ist, die keinen traditionellen spirituellen Weg beschreiten möchten. Es handelt sich dabei um eine dreijährige Schulung. Weiterhin bilde ich Taiji-Lehrer und -Lehrerinnen während einer dreijährigen Unterrichtsphase aus. Und im Moment bin ich gerade dabei, einen Nullpunkt-Lehrgang zu entwickeln, um eine Vorstellung von der Essenz des Menschen zu vermitteln, die leer und alles zugleich ist. Ein Teil dieser Arbeit bringt mich auch in die Öffentlichkeit, um Herzen zu berühren, zu bewegen und zu inspirieren für den jetzigen Wandel.

Multidimensionales Wesen

Heute ist es uns Menschen möglich, auf ganz verschiedenen Ebenen gleichzeitig zu Hause zu sein. Die Grundlage dafür ist das Gewahrsein, die Präsenz von Moment zu Moment, die in sich dieses liebende Leuchten birgt, das alles und alle bedingungslos liebt. In diesem Bewusstsein sind die alltäglichen Bewegungen Wellen im Meer des einen Lichts – untrennbar eins.

Jede Ebene bedarf der Aufmerksamkeit. In Bezug auf unser Zentrum bedeutet das zum Beispiel: Der Garten, die Gebäude, die Menschen, der eigene Körper, das seelische Wesen, die Tiere und Pflanzen bedürfen der Aufmerksamkeit. Auch der energetische Bereich des Lebens ist zu beachten, die Lebensenergie, die Lebenskräfte, der Lebensfluss usw. Neu in mein Leben ist die Sphäre der kollektiven Weisheit getreten, die ich zusammen mit anderen Menschen buchstäblich erforsche und praktiziere. Dann gibt es feinstoffliche Bereiche, durch die wir Zugang finden zu Informationen, die der Lichtsphäre entspringen. Darin finden wir zum Beispiel Zugang zu der Weißen Schwesternschaft[12], zu Buddha oder Engelswesen. Sie alle stehen im Dienst der Menschheit, besonders jetzt, in der Zeit der großen Wandlung auf Erden. Und jenseits von allem *ist*, was *ist* – die eine Wirklichkeit, selbst-leuchtend, sich selbst-offenbarend, sich selbst-organisierend, die eine ungeteilte, akausale Selbst-Natur.

Das ist ein ungeheures Spektrum an Bewusstseinsebenen, die uns heute zugänglich sind. Bis zu den feinstofflichen Ebenen sind wir noch im dualen Bereich des einen Bewusstseins. Jede Bewegung ist wunderbarer Ausdruck der unbewegten Stille. Wir dürfen alles kosten, solange wir wissen, was was ist. Denn wir sind in Essenz jenseits davon – in dieser und von dieser Welt und diese transzendierend – einfach leuchtendes Bewusstsein.

---

12 Gemeint ist hier – in Erweiterung des Begriffs der »Weißen Bruderschaft« – die weibliche Weisheitslinie.

Wandel – wie vollzieht er sich?

Die Hilfe, um diesen Wandel zu vollziehen, kommt von verschiedenen Wirkungsebenen. So gibt es Menschen, die an vorderster Front tätig sind. Dies kommt zum Beispiel in Auroville, der internationalen Stadt im Süden Indiens, oder in Findhorn, der spirituellen Lebensgemeinschaft im Norden Schottlands, zum Ausdruck. Der Wandel zeigt sich konkret in den Menschen, die in Gemeinschaften leben, die neue Techniken erfinden oder unmittelbare Friedensarbeit an vorderster Front leisten, oder auch in Menschen, die sich der Erhaltung von Natur und Ressourcen zuwenden usw. Das Wirkungsfeld ist hier primär das Grobstoffliche, das heißt die konkrete Manifestation.

Wir benötigen heute ein Zusammenwirken aller Ebenen und Aspekte in unserem Miteinander. Ich spreche hier also die grobe, die subtile und die kausale Wirkungsebene an und auch die Ebene, die selbst diese drei Ebenen noch transzendiert. Die meisten bewussten Menschen sind nicht nur in einer der Wirkungsebenen tätig, sondern engagieren sich vielfältig. Es ist mir ein großes Anliegen, dass wir tief greifend verstehen, dass heute alle Wirkungsebenen vonnöten sind. Es gilt dabei, dass keine der Wirkungsebenen als besser oder schlechter als die anderen anzusehen ist.

Die kausale Wirkungsebene entspringt aus dem Gewahrsein. Menschen, die sich diesem Feld widmen, begegnen der Welt nicht nur in ihrer äußeren Gestalt oder in äußerem Kontakt. Es ist zugleich ein inneres, mit dem inneren Selbst der Dinge und Wesen In-Beziehung-Sein. Diese Menschen wirken mit innerem Verständnis auf alle und alles ein und begegnen ihrer Umwelt mit vollkommenem Mitempfinden und dem Gefühl des Einsseins, doch auch mit einer Unabhängigkeit, die durch keinen Kontakt überwältigt wird. Ihr Wirken auf die Welt ist zumeist inneres Wirken, durch die Macht des Geistes, durch die spirituelle Ideen-Kraft, die sich in der Welt selbst ihre Form gibt. Es ist das geheime, unausgesprochene Wort, die Macht des Herzens, die dynamische Lebenskraft und das Selbst, im Selbst aller Selbste.[13]

Weiterhin gibt es Menschen, die sich als Lichtarbeiter und Lichtarbeiterinnen sehen, indem sie sich mit feinstofflichen Wesen und Lichtkräften verbinden und sich von diesen inspirieren lassen. Hier handelt es sich unter anderem um ein lichtvolles, energetisches Wirken, das hauptsächlich diesem subtil wirkenden Feld zugeordnet werden kann. Wichtig ist in der heutigen Zeit das kooperative Miteinander all dieser Wirkungsweisen. Noch allzu oft finden Abgrenzungen statt, die ihre Wurzeln in der Unwissenheit und Trennung haben. Diamantklare Weisheit und tiefste Liebe vermögen hier Brücken zu schlagen mit einer Unterscheidungskraft, die alles zugleich zu integrieren vermag.

Die Vision der Einen Welt

Spiritualität ist eine Lebensweise, die Sein und Werden vereint. Es ist ein kosmisches Bewusstseinsfeld innerhalb der einen Wirklichkeit. Dies ermöglicht die Perspektive der Einen Welt, worin sich alle Menschen immer mehr als der einen Spezies zugehörig verstehen.

Sein und Werden: Was bedeutet dies in seiner Umsetzung? In mir trage ich die Vision einer Neuen Erde. Ich fühle die Erde, sehe das Potenzial im Menschen, ja, sehe in der gesamten Menschheit den möglichen Bewusstseinswandel und die sich daraus entfaltende Lebensweise der Menschen in Kooperation und Toleranz. Damit kann sich diese auf einer neuen Bewusstseinsfrequenz wieder einfügen in das kosmische System. Diese Vision beflügelt meine Seele, mein ganzes Wesen, und gibt mir

---

13 Vgl. Sri Aurobindo: *Das göttliche Leben*, S. 396

die Kraft, in dieser Richtung tätig zu sein. So arbeite ich vielfältig – neben der Lehrtätigkeit – in verschiedenen Projekten.

Seit über zwanzig Jahren unterstützen wir durch den Verein »Open Hands« Projekte in der Dritten Welt. Jeweils an Weihnachten führen wir eine Sammlung durch bei allen mit der Villa Unspunnen verbundenen Meditationsgruppen in Deutschland, Österreich und der Schweiz. Pro Jahr kommen auf diese Weise ca. 12.000 Franken zusammen, die wir dann an ein oder zwei sorgfältig ausgewählte Projekte weitergeben. Dies hat schon Frau Tweedie so gemacht. Sie sagte dazu: »Wir haben so viel von Indien – oder auch von anderen Ländern – bekommen. Geben wir doch etwas zurück.« Diesem Geiste folgen wir. Zudem war ich viele Jahre in der Entwicklungszusammenarbeit tätig. Trotz all meinem damaligen kritischen Hinterfragen befürworte ich diese Arbeit nach wie vor. Und gleichzeitig stimmt es, dass in diesem Tun meistens das alte Paradigma in Bezug auf »Entwicklungsländer« mitschwingt. Verkürzt könnte es als *Charity*, also als »Wohltätigkeit«, bezeichnet werden. Viele spirituelle Lehrer und Lehrerinnen in Ost und West haben neben ihrer eigenen Lehre und spirituellen Unterweisungen soziale Hilfsprojekte auf die Beine gestellt. Es gibt zudem weltweit ca. eine Million Organisationen, die sich für mehr Gerechtigkeit, ökologische Projekte sowie für die Anliegen indigener Völker einsetzen. Und das ist wunderbar. Oft geschehen diese Aktivitäten noch aus einem getrennten Bewusstsein heraus: wir hier, jene dort. Und dies hat Folgen, auch wenn diese sehr subtil sein können. Mit der Trennung geht meistens eine Wertung einher. Geben und Nehmen sind dabei nicht gleichwertig. So können neue Abhängigkeiten und Machtstrukturen entstehen. Oft benutzen wir materiell besser gestellten Menschen im Westen das Engagement in der Dritten Welt, um irgendetwas zu kompensieren. Unser schlechtes Gewissen vielleicht? Bei dieser Art von Tätigkeit ist es sehr wichtig, die eigene Motivation genauer zu untersuchen. Nur wer von reinem Herzen, das heißt, in Essenz bedingungslos, das, was jenseits von Geben und Nehmen ist, zu geben vermag, kreiert keine neuen Verwicklungen. Dabei gilt es gleichzeitig, das Prinzip des gesunden Menschenverstandes und des Unterscheidungsvermögens einzusetzen. In dieser Weise geht es auch nicht darum, »profimäßig« Gutes tun zu wollen. Da alles untrennbar eins ist, ist es selbstverständlich, zum Wohl des Ganzen beizutragen. Solange dieses Verständnis noch nicht Allgemeingut ist, geben wir, wann immer an unsere Türe angeklopft wird. Wir warten nicht, bis wir vollkommen sind.

Im Projekt »Der Goldene Faden – Innehalten für Eine Welt« arbeiten wir auf der Ebene der subtilen oder feinstofflichen Feldbildung. Wir wissen, dass jeder Gedanke, jedes Wort – und natürlich jede Handlung – schöpferisch wirksam ist. Auf diese Weise kreieren wir ständig Weltgeschehen, ob uns dies bewusst ist oder nicht. Im Innehalten, mit Blick auf die Eine Welt, lassen wir leuchtendes Bewusstseinslicht aus dem Herzen strömen, ohne etwas zu wollen. Dieses Herzenslicht kann auf ein bestimmtes geografisches Gebiet gerichtet sein, wo Not, Zwist oder Krieg herrschen. Dieses Herzenslicht ist jenseits jeglicher Polarität, heilig heilsam – *Es ist*. Und so findet dieses Projekt, das von der Ausbildungsgruppe DO 2012 erarbeitet wurde, zahlreiche Menschen auf dieser Erde, die sich freiwillig für ein Jahr verpflichten, täglich drei Minuten der Einen Welt zu schenken. Im Zusammenwirken vieler kann auf der feinstofflichen Ebene die Frequenz der Erdatmosphäre erhöht werden. Und das ist fühlbar, im Kleinen wie im Großen. Menschen, Tiere, Pflanzen fühlen sich etwas mehr im Einklang mit allem, was ist. Dadurch wird zum Beispiel Frieden auf Erden leichter möglich. Nach einem Jahr kann der goldene Faden an einen anderen Menschen weitergereicht werden. Sind wir Millionen, kann Lichtkraft global wirksam werden.[14]

---

14 Siehe dazu: www.dergoldenefaden.info

In den letzten Jahren ist eine ganze Anzahl weiterer Projekte entstanden. Sie alle zielen in eine Richtung: den Bewusstseinswandel zu stärken, in einem kooperativen Miteinander zu stützen. So entstand durch die Initiative von Hans Jecklin im Jahr 2009 das Projekt »Global Spirituality«, für das sieben Vertreter und Vertreterinnen verschiedener spiritueller Traditionen einen gemeinsamen Text verfasst haben. Hier ein Auszug des Textes, zitiert von der Website[15]:

»Globale Spiritualität

In jedem menschlichen Wesen schlägt ein schönes Herz, worin Liebe und Weisheit erblühen können. Im Herz schlummert eine umfassende Kraft, die Essenz des Seins, in der wir alle verbunden sind. Die Tür des Herzens steht immer offen, bereit, den gegenwärtigen Augenblick mit der Unendlichkeit, einer tieferen Wirklichkeit, zu verbinden.

In der Tiefe unseres Herzens entdecken wir Stille und Klarheit, Frieden und liebevolle Zuwendung. Sie entspringen einer namenlosen Quelle jenseits aller Worte – Stille hinter der Stille, ein Flüstern der Wahrheit. Hier wachsen eine bedingungslose Liebe und eine allumfassende Weisheit, die sich allen lebendigen Wesen auf natürliche und spontane Weise zuwenden.

Jedes Herz ist einzigartig, doch gibt es drei wesentliche Zugänge zu seinem innersten Raum: Der erste ist die Achtsamkeit des ›ICH‹. Sie öffnet in uns eine weite Stille – den ewigen Grund allen Seins, aus dem das Universum und alle seine Erscheinungen hervorgehen. Der zweite Zugang ist der Weg der Hingabe an ein allumfassendes ›DU‹. Sie führt uns in die stille Einheit mit der größeren Weisheit und Liebe. Der dritte Weg folgt dem großen Staunen und der Seligkeit, die sich einstellen, wenn wir das ›ES‹ erkennen: die strahlende Vollkommenheit im großen Gewebe des Lebens. Diese drei Zugänge zum Herzen verschmelzen zu einem einzigen, wann immer wir des gegenwärtigen Augenblicks ganz gewahr sind: jetzt!

---

15 www.global-spirituality.info

Oft jedoch ist unser Herz verschleiert: benebelt von Anhaftungen, Urteilen, Widerständen und Unzufriedenheit, die uns davon abhalten, die Dinge so zu sehen, wie sie wirklich sind. Die Angst, unsere vergängliche Sicherheit und unser eingebildetes Selbstbild zu verlieren, macht uns blind für unser wahres Selbst. Dies führt zu Leid in und um uns. Wenn wir aber unsere eigene Not annehmen und sie in reiner Achtsamkeit und mit liebevoller Zuwendung ans Herz nehmen, dann kann das Leiden heilen und sich zu Weisheit und Mitgefühl wandeln. Indem wir verstehen, dass uns das Leben unausweichlich mit all unseren unbewussten Aspekten konfrontieren wird, lernen wir, diese unerschrocken anzunehmen und zu verwandeln: ein Prozess, der uns in immer tieferes Vertrauen und Engagement zu führen vermag. Indem wir die Widerstände in uns selbst überwinden, werden wir auch den Schmerz anderer voller Mitgefühl annehmen und verwandeln: als einen Weg zur kollektiven Heilung der Welt.

Sind wir in unserem Herzen verwurzelt, nehmen wir die wechselseitige Verwandtschaft aller Dinge wahr. Die Weltsituation und ihre Beziehung zu Jedem und Allem treten klar hervor. Die Unausweichlichkeit des gemeinsamen Schicksals der auf einem Planeten lebenden menschlichen Familie ist nicht mehr zu übersehen. Doch unser Herz hat die Weite, gleichzeitig Verschiedenheit zu respektieren und die dahinterliegende Einheit zu feiern. Wir sind fähig, Weltbürger zu werden, in unseren Gedanken, Worten und in unserem Handeln, um uns gemeinsam für Frieden, Gerechtigkeit und verantwortlichen Umgang mit der Umwelt einzusetzen, damit eine Weltkultur von Respekt, Mitgefühl und Solidarität entsteht, die den Planeten in einen Ort von Weisheit und Schönheit, Harmonie und Liebe zu verwandeln vermag.«

In tiefster Tiefe gibt es nur eine »Religion«, die Religion der Liebe und Weisheit. Der Text spiegelt in Worten wider, was eine globale Spiritualität beinhalten kann. Es ist ein offener Text, das heißt, weitere Menschen sind eingeladen, den Grundtext zu verfeinern.

Am 11. September 2011 fand das Bundesplatz-Projekt[16] statt. Es ging dabei darum, öffentlich für Eine Welt einzustehen. Bewusstsein im Wandel – das Anliegen dieses Anlasses war, mit Musik, Redebeiträgen und Stille ein starkes Zeichen zu setzen für Eine Welt, für eine zukunftsfähige Welt – kreativ, kooperativ und von Herzen engagiert. Es gab dabei einen ganz besonderen Augenblick: Etwa 1000 Menschen haben sich für diese Veranstaltung auf dem Bundesplatz in Bern eingefunden. Zu einem bestimmten Zeitpunkt sollte ich mit einigen einführenden Worten in die Stille führen. Genau in diesem Augenblick hörte das so lebendig spritzende Wasserspiel auf dem Platz plötzlich auf. Die Kinder wurden mucksmäuschenstill und für ca. fünf Minuten war der Bundesplatz der Schweiz in lichte Stille gehüllt. Es war eine Art Information, die hier stattgefunden hatte, wo Spirituelles und Weltliches sich auf dem Bundesplatz erstmals öffentlich umarmten. So kreiste eine Zeitlang ein Mäusebussard über diesem Platz, und um die Sonne formte sich gleichzeitig ein Regenbogen. Wir alle waren berührt und dankbar, dass die Schweiz solch ein Ereignis auf ihrem wichtigsten Platz ermöglicht hat. Darin zeigt sich Toleranz und Größe.

Ein weiteres interessantes Projekt ist die Schule für Integrale Spiritualität. Sie beginnt im Herbst 2013 in der Villa Unspunnen. In dieser Schule unterrichten sowohl spirituelle Lehrer und Lehrerinnen aus verschiedenen Traditionen sowie Lehrende im Kontext einer integralen Lebensschulung. Dabei bildet die Lehrerschaft eine Art Metasangha, die international ausstrahlt. Diese Art der Zusammenarbeit in Form einer vertieften Kooperation im Zusammenschluss einer Metasangha könnte wegweisend sein.

Zum Schluss sei auch noch der Gestaltungsraum der Villa Unspunnen selbst genannt. Diesen Ort der Stille und Begegnung gibt es seit dem Jahr 2000. Gerade in der Führung und

---

16 Siehe dazu: www.fuereinewelt.org

spirituellen Leitung dieses Zentrums braucht es stetige Wachsamkeit. Die Vision ist, dass wir mit der Villa Unspunnen wegweisend wirksam sein können. Wir möchten Menschen durch gelebte Spiritualität als Weltbürger und Weltbürgerinnen im Seinsstrom der Glückseligkeit von Moment zu Moment berühren und inspirieren. Und dazu gehört jede Ebene der Existenz: die Finanzen, die Organisationsform, das Miteinander im Team, die Gestaltung des Gartens, der Gemüseanbau, das biologische Essen und die Berücksichtigung des fairen Handels, unsere spirituelle Praxis, die Menschen, die wir einladen, um Seminare zu geben, unsere große Vision der Einen Welt im Kontext einer transkonfessionellen und transkulturellen Spiritualität. Dies alles in einem Gleichgewicht der Ebenen zu manifestieren ist eine große Aufgabe und Herausforderung. Die Villa Unspunnen soll ein Platz für die Menschheit sein, die in Richtung »eine Menschheit – Eine Welt«, in einem transspirituellen Verständnis, vorangeht. Daran arbeitet das Team der Villa Unspunnen.

Das Globale Kooperative Forum – mein Herzensanliegen

Seit ich 14 Jahre alt bin, folge ich dem Faden meines inneren Lichtes. *Es* ist ein lebenslanger Prozess in die tiefste Tiefe und jenseits davon – in die absolute Stille. Zugleich ist *Es* weit, unendlich weit, ohne Zentrum, unbegrenzt liebend, alle und alles zugleich. Dies alles ist kosmischer Wandel und jenseits davon die Eine Wirklichkeit. So ist das Herz des Menschen beschaffen. *Es* offenbart sich selbst. Nach meiner Erkenntnis vermag nur dieses leuchtende Bewusstseinslicht der Liebe, das wir Menschen in Essenz sind, den Bewusstseinswandel als kosmisches Ereignis hervorzubringen.

Als Frau, Mutter, Geliebte und als kosmisch Liebende sind mir unsere Welt, diese Erde und alle auf ihr lebenden Wesen ein

Herzensanliegen. Ich weiß um deren Transparenz, deren Leer-Sein, um ihre Spiegelung im Spiegel des Herzens. Und dennoch – untrennbar eins, die Eine Wirklichkeit. Die Erde ist mir heilig. Das Singen der Tannennadeln im Wind, die aufblitzenden Himmelsentladungen im Donnergrollen, das Nass in den Regentropfen, die sonnenleuchtenden Knopfaugen im Kolibri, die Hitze, die Kälte, jedes Tier, jede Pflanze, alle Menschen und Wesen sind in Essenz untrennbar das Eine – eine Modifikation der Einen Wirklichkeit. Es liebt sich selbst aus sich selbst heraus, das Herz der Herzen. Es ist natürlich für uns Menschen, die Welt, ihre Schönheit, ihre Licht- und ihre Schattenseiten zu lieben, bedingungslos. Diese Liebe schließt den ganzen Kosmos ein, alles, was ist.

Dieses tiefe Herzensanliegen hat mit dem weiblichen Aspekt der Spiritualität zu tun. In dieser Dimension, auf dieser Bewusstseinsstufe gibt es keine Religion, und gleichzeitig enthält sie alle Religionen. Es ist die Wirklichkeit selbst, die sich offenbart von Moment zu Moment – vor jeder Religion, vor jeder Form, vor jeder Verschiedenheit, vor jedem Gedanken, vor jedem illusionären, getrennten Ich. Natürlich sehe ich auch unsere Welt, den Stand der Dinge, die Zerstörung, die wir Menschen aus Unwissenheit letztlich uns selbst antun. Und gleichzeitig nehme ich wahr, dass auf allen Kontinenten ganz viel Neues entsteht aus dem Einen Geist, initiiert von Herzensmenschen, die auf intelligente Weise dem Ruf der Zeit folgen. Wandel zeichnet sich ab. Er ist noch oft verborgen, manchmal erst halbbewusst …

Seit einigen Jahren suche ich, sowohl lokal als auch global mit spirituell-kosmozentrischen Ansätzen in Verbindung zu kommen. So entstanden Kontakte nach Auroville und zum Integralen Yoga, einem Yoga-Weg, der von Sri Aurobindo und der Mutter entwickelt wurde, zu der integralen Bewegung von Ken Wilber und zu vielen anderen wegweisenden Projekten in Deutschland und Amerika; darüber hinaus ergab sich die

Zusammenarbeit mit Andrew Cohen und seiner Schule, in der er die evolutionäre Spiritualität im Besonderen entwickelt hat. Ein neuer Kontakt hat sich vor allem auch zu Barbara Marx Hubbard ergeben, die einen weisen und pragmatisch orientierten Ausdruck des anstehenden Bewusstseinswandels in einem evolutionären Verständnis umzusetzen versteht.

Lokal sind mir Pia Gyger und Anna Gamma vom Katharina-Werk nahe und das Zentrum für Einheit Schweibenalp, das sich in besonderer Weise in der Bewegung des »Green Phoenix«, einem Netzwerk ökosozialer Friedensarbeit für eine nachhaltige Lebenskultur, engagiert. Damit in Verbindung steht auch der Kontakt zu Tamera, einer Arbeits- und Lebensgemeinschaft in Portugal, und da im Besonderen zu Sabine Lichtenfels, einer wunderbaren Pionierfrau. Persönlich arbeite ich außerdem noch mit einigen weiteren spirituellen Lehrern und Lehrerinnen bzw. Schulen zusammen.

In all diesen Ansätzen sehe ich Mosaiksteine, die beitragen können zum großen Wandel unserer Zeit. Die Ansätze sind oft auf verschiedenen Ebenen auf einen bestimmten Ort bezogen, aber alle tragen zum Wohle des Ganzen bei.

Vor drei Jahren ist mir ein grundlegend spirituell-kosmozentrischer Ansatz nahegekommen. Irgendetwas in mir wusste intuitiv, dass dieser Ansatz in sich eine Art Radikalität birgt, welche das Potenzial einer stillen (R)Evolution enthält. Ich wurde hellwach! Es war ein Buch des US-amerikanischen spirituellen Lehrers Adi Da: »Das Eine, das ist«. Darin werden die sieben Lebensstufen dargelegt. Adi Das Ausführungen konnte ich sogleich folgen, wusste ich doch aus eigener Erfahrung, dass wir auf spirituellen Wegen stecken bleiben, ja, dass diese sogar zu neuen Abhängigkeiten oder Ich-Identifikationen führen können. Das kann sehr subtil sein. Die siebte Lebensstufe geht davon aus, dass es keinen Weg mehr gibt, *Es ist.* Die Vorstellung, einen Weg gehen zu müssen oder sich erinnern zu müssen, was der Ursprung im Sinne eines spirituellen Pfades ist, kann eine falsche Spur legen. Ich weiß mit absoluter Gewissheit, dass die spirituelle, nonduale Dimension auf einer kosmozentrischen Bewusstseinsebene letztendlich etwas Normales ist. Es kann gar niemand nicht-spirituell sein. *Es* ist das Einzige, das *ist*, auch wenn wir dafür vielleicht noch »Übungen« brauchen – und damit widerspreche ich mir natürlich. Auf der siebten Lebensstufe schwingt eine transspirituelle Dimension – das verstand mein Herz sogleich. Als ich im Internet nachforschte, wer nun genau Adi Da eigentlich ist, stieß ich auf das Buch »Nicht-Zwei ist Frieden«. Ich las dieses Buch und fand darin einen der grundlegendsten »Hebel« zum Verständnis, wie ein kosmischer Wandel hier auf der Erde zu verwirklichen sein wird: nicht utopisch, nicht idealistisch – ganz einfach auf der Basis der schon immer bestehenden Einheit. Meine Vision der Einen Welt und der egolosen leuchtenden Bewusstseinskraft der Menschheit in seiner Totalität kamen hier zum Ausdruck durch das »Globale Kooperative Forum«. Inzwischen habe ich mich in die Schriften von Adi Da, der im November 2008 verstorben ist, vertieft und mich auch mit seiner Person etwas mehr auseinandergesetzt. Er ist zweifelsohne ein Genius gewesen, der einen wesentlichen Beitrag für die Menschheit übermittelt hat. Andererseits enthalten seine Lehren auch für mich fragwürdige Aspekte. So schätze ich seinen Ansatz wert und möchte mich gleichzeitig von bestimmten Aspekten distanzieren, über die mein Herz klar anders denkt und fühlt.

Inzwischen bin ich in Kontakt gekommen mit zwei Menschen, Schülern von Adi Da, denen das Globale Kooperative Forum zur Lebensaufgabe geworden ist. Und es kam noch eine vierte Person hinzu. So fanden wir uns vor zwei Jahren zusammen: ein Mann aus Chicago, eine Frau aus Australien, eine Frau aus Amsterdam und ich aus der Schweiz.

Die Grundlagen des
Globalen Kooperativen Forums

Die Basis des Globalen Kooperativen Forums ist die schon immer bestehende Einheit. Die Wirklichkeit selbst ist eine universal bewusste Kraft, die untrennbar, egolos, akausal und absolut ist. Und alles, was darin erscheint, ist eine Modifikation dessen. So sind wir alle, die über sieben Milliarden Menschen auf dieser Erde, in innerster Essenz selbst-leuchtendes, egoloses, universelles Bewusstsein. Wenn diese inhärente Kraft wirksam würde, könnte spontan ein Selbstberichtigungsprozess »in Verantwortung der Welt als Ganzes« beginnen. Das ist in Kurzfassung die Basis.

Das Globale Kooperative Forum bildet dazu eine »institutionalisierte« Form für die Annahme der schon immer bestehenden Einheit. Es ist eine Art Gefäß, wovon alle Menschen, ohne Ausnahme, ein Teil sind. Wir Menschen begegnen uns untereinander von Angesicht zu Angesicht. Dabei legen wir jegliches Selbstbild ab, das heißt, wir halten keine »Fahnen« hoch, wie etwa: »ich bin eine Frau«, »ich bin ein Mann«, »ich habe rote Haut«, »ich bin Muslim«, »ich bin Christ«, »ich bin Atheist«, »ich bin Professor«, »ich bin Schauspielerin«. Wir begegnen uns im Null-Feld, das bedeutet, wir erkennen und »waschen« ständig unsere Fahnen. Wir sind gleichzeitig bereit, unser Gesicht zu verlieren, in der Überzeugung, dass nur das Gesamtwohl und die beste Lösung gut genug für alle und alles zugleich ist, auch wenn diese Lösung für Einzelne jeweils nicht der bevorzugte Vorschlag ist. Auf der Basis der schon immer bestehenden Einheit kooperieren wir in Toleranz und Respekt in Anbetracht der Verschiedenheit.

Und wir beginnen, als einzelne Menschen die Menschheit insgesamt zu vertreten. Die Kraft der Menschheit durch alle und alles zugleich wird eindeutig. Sie vermag die Selbst-Organisation, Selbst-Korrektur und Selbst-Berichtigung als kosmischen

Wandel zu vollziehen. Die Welt fügt sich wieder in das System der höheren universalen Harmonie ein.

In dieser Weise verstand ich jedenfalls in einem ersten Anlauf das Globale Kooperative Forum. Wir vier Menschen trafen uns nun des Öfteren, damit sich das Globale Kooperative Forum formen konnte. Und wir mussten uns selbst dabei erst einmal besser kennenlernen, uns finden auf der Basis der schon immer bestehenden Einheit vor jeglicher Verschiedenheit. Wie dies alles anzugehen ist, wussten wir nicht. Die meisten mir bekannten Vorgehensweisen stammten aus dem alten Paradigma der Trennung. Und dennoch geschah ein Prozess, der ein »neues Muster« aufspürte. *Es* entstanden ... vier Arbeitsprinzipien der *»Prior Unity«*, also der »Einheit der vielen«:

1. Wir rufen die schon immer bestehende Einheit allen Seins und Werdens an. Wir öffnen und wenden uns ganz dem *Einen* zu, sind DAS.

2. Präsent von Augenblick zu Augenblick fühlen wir ohne Grenzen als das *Herz*. Gewahrsein, Präsenz von Moment zu Moment enthält in sich diese unbegrenzt fühlende Dimension des Herzens.

3. Verwurzelt im Null-Punkt-Bewusstsein, würdigen wir die Einzigartigkeit von jedem und allem im Dienste des Ganzen.

4. Wir vertrauen und handeln in kollektiver Weisheit, welche von der Einen Wirklichkeit (absolut) in die eine Wirklichkeit (relativ) emergiert.

Das vierte Prinzip ergibt sich aus den drei vorhergehenden Prinzipien. Und dies ist wirklich neu. Wir kennen in unserer Welt das Prinzip der kollektiven Weisheit kaum. Wir wissen noch wenig darüber, wie sich kollektive Weisheit im Alltag lokal/global wirksam zu manifestieren vermag.

Auch wir vier haben weitergeforscht, gelauscht, uns ausgetauscht und schließlich im Juli 2012 zu einer ersten Laboratorium-Woche des Globalen Kooperativen Forums eingeladen.

Für eine Woche fanden sich 55 Menschen aus 15 verschiedenen Nationen in der Villa Unspunnen zusammen. Die Zielsetzung der ersten Laboratorium-Woche war:

+ das Einssein in aller Tiefe zu erfahren, zu vertiefen.
+ auszuloten, was es bedeutet, als einzelner Mensch die Menschheit zu vertreten.
+ auszuloten, was zur Realisierung des Globalen Kooperativen Forums die ersten Schritte sein könnten.

Es war eine ausgesprochen bemerkenswerte Woche. Dabei wurden vor allem folgende Aspekte des Globalen Kooperativen Forums skizziert:

+ Es ist eine institutionelle Form für die Arbeitsprinzipien der *Prior Unity*.
+ Es ruft moralisch leuchtende Leitfiguren im Dienst des Ganzen auf, um dem Prozess, die Menschheit als Totalität zu vertreten, beizutreten.
+ Es etabliert eine Arbeitsagenda, um systematisch die Hauptthemen aufzunehmen, die fundamental für alles Leben auf Erden sind.
+ Es stützt, fördert und ermöglicht das Emergieren, also das Entstehen, der Selbst-Organisation, Selbst-Korrektur und Selbst-Berichtigung des globalen kooperativen Kollektivs.
+ Es wendet die Arbeitsthesen von *Prior Unity* bei allen kulturellen, sozialen, ökonomischen und politischen Systemen an.
+ Es inspiriert und unterstützt strukturell die Kooperation, Toleranz, universelle Prinzipien und die Verantwortlichkeit aller.
+ Es gewährleistet, in Kooperation und gegenseitig, zuverlässige Arbeitsprinzipen von allem und allen.

In dieser Woche haben wir auch mit einer systemischen Weltaufstellung in tiefgreifender Weise gearbeitet und mit einem

»Weltspiel«, das überhaupt nicht funktioniert hat, weil es auf dem alten Paradigma beruhte. Die Lehre daraus ist, dass eine neue Gesellschaftsordnung, die auf der Einheit allen Seins und Werdens fußt, grundsätzlich nicht mit dem Denken aus der Getrenntheit heraus vermischbar ist. Gegen Ende der Woche formten sich verschiedene Kreise im großen Kreis, die zum Teil mit unglaublicher Hingabe im Dienst des Ganzen das Globale Kooperative Forum weiter mitentwickeln möchten. Es war berührend zu sehen, wie vor allem einige Experten aus dem Finanzwesen, die eigentlich jegliche Hoffnung für diese Welt bzw. Menschheit schon aufgegeben zu haben schienen, am Ende neue Hoffnung schöpften. Es nahmen auch viele junge Menschen teil, aus Afrika, Mexiko, Indien, USA und Europa. Sie alle verstehen so leicht, worum es heute auf dieser Erde geht. Es scheint, dass sie sich hier inkarniert haben, um jetzt der Menschheit, der Erde zu helfen, den kosmischen Wandel zu vollziehen. Noch ist das Globale Kooperative Forum in gewisser Weise ein Mysterium. Adi Da gab zwar viele Anhaltspunkte, aber wie genau sich der Wandel vollziehen kann, wird erst aus der kollektiven Weisheit im Miteinander im Jetzt emergieren können. Hier einige Auszüge aus »Nicht-Zwei ist Frieden« von Adi Da, in denen bestimmte Prinzipien für ein Globales Kooperatives Forum beschrieben werden:

»1.35 Die gesamte Bevölkerung der Erde muss sich auf umfassende Kooperation und Teilnahme ausrichten und mit dazu beitragen, dass ein Globales Kooperatives Forum entsteht, das diese Ausrichtung verkörpert und umsetzt.

1.36 Ein Globales Kooperatives Forum, das die ganze Menschheit vertritt, würde vom Prinzip der ›Immer-schon-bestehenden-Einheit‹ ausgehen – also die grundlegende Einheit der Menschheit und des gesamten Daseins anerkennen.

1.37 Die Menschheitsfamilie wäre in einem Globalen Kooperativen Forum durch moralisch integere Führer vertreten, die fähig sind, die Bevölkerung der Erde zur Überwindung der Trennung und zur Kooperation zu inspirieren.

1.39 Die heutige Welt besteht aus Nationalstaaten. Diese müssten das Globale Forum als Vertretung der ganzen Menschheit zulassen und mit ihm zusammenarbeiten. Dies ist jetzt die einzige konstruktive Politik für die Menschheit.

...

1.44 Die Aufgabe des Globalen Kooperativen Forums besteht darin, sicherzustellen, dass die ganze Menschheit am globalen politischen Geschehen teilnimmt und alle-auf-einmal sich spontan selbst organisieren und Ordnung auf der Erde herstellen und erhalten.

...

2.13 Das Globale Kooperative Forum muss eine umfassend handlungsfähige Institution sein. Es darf nicht auf eine bloße Idee reduziert werden, mit der alle möglichen getrennten Parteien sich angeblich identifizieren.

2.14 Bloße Ideen führen nicht zu einer Institution, die auf der immer-schon-bestehenden Einheit beruht. Das Globale Kooperative Forum muss von allen geschaffen werden – und zwar von allen-auf-einmal.

...

2.21 Die anfängliche Gruppe, die das Globale Kooperative Forum initiieren und leiten würde, bestände aus Personen, die alle Illusionen über die Macht verloren haben und sich darüber im Klaren sind, dass die gegenwärtigen Anstrengungen nicht ausreichen, um die Lage der Menschheit entscheidend zu ändern.

...

2.27 Das Globale Kooperative Forum ist die institutionelle Form, in der die fast sieben Milliarden sich organisieren werden.

...

3.15 Es muss ein Instrument der globalen Kooperation geben, das in den verschiedenen Bereichen der Industrie und Politik die erforderlichen Übergangsmaßnahmen einleitet. Ressourcen aller Art würden dafür eingesetzt werden, nach neuen Methoden und konkreten Lösungsansätzen zu forschen.«[17]

Das Globale Kooperative Forum sollte (und muss) ein auf dem Internet basierender Prozess sein, in dem alle über eine einzige Website miteinander in Verbindung stehen und in dem alle praktischen globalen Aufgaben von denen thematisiert und organisiert werden, die alle Menschen formell vertreten und allen gegenüber umfassend zur Rechenschaft verpflichtet sind. Das Globale Kooperative Forum schließt daher notwendigerweise und per Definition alles ein und ist nie auf Konfrontation aus. Buchstäblich alle sollten am Globalen Kooperativen Forum teilnehmen. Doch wenn das Forum ordnungsgemäß und erfolgreich arbeiten soll, müssen zwangsläufig einige Personen als Vertreter aller wichtige Aufgaben übernehmen. Wenn einer unter ihnen allzu deutlich sein »Selbst«-Bild ins Spiel bringt, muss er jedoch zur Ordnung gerufen werden, und zwar vom ganzen Forum. Und er muss das akzeptieren können und seine »Fahne waschen«.

Die grundlegende Voraussetzung für den Weltfrieden ist, dass alle etwas mehr als sieben Milliarden Menschen auf der Erde durch das Globale Kooperative Forum als das wahre Kollektiv von allen in Erscheinung treten. Dieses Forum ist keine weitere Gruppe, die eine gute Idee hat und Ratschläge verteilt und Appelle erlässt. Das Globale Kooperative Forum ist der Zusammenschluss von buchstäblich allen – es bezieht einhellig Stellung und trifft klare Entscheidungen darüber, was von jetzt ab die Politik ist. Wenn die Welt sich grundlegend und zum Positiven ändern soll, müssen alle-auf-einmal für-sich-selbst

---

17 Vgl. Adi Da: *Nicht-Zwei ist Frieden*, S. 31 ff./36 ff./44

einstehen. Die Milliarden müssen sich aus-sich-heraus selbst organisieren. Das Globale Kooperative Forum ist das Mittel zur Selbst-Organisation der gesamten Menschheit zu einer einzigen lauten Stimme, die einfach sagt, was von jetzt ab die Politik ist. Es klingt vielleicht naiv und »idealistisch«, dass solch eine mächtige kollektive Stimme sich Gehör verschaffen könnte – aber genau diese eine einzige kollektive Stimme ist notwendig. Sie ist das Einzige, was die von allen geforderte Änderung bewirken wird. Positive Einzelstimmen werden das nicht schaffen.

Die Menschheit muss sich organisieren. Kein Einzelner kann sie organisieren. Die Menschheit muss als eine Ganzheit die selbst-organisierende Kraft nutzen, die allen ganzheitlichen Systemen von-Natur-aus innewohnt. Kein Einzelner und keine Gruppe, sondern die der Menschheit als unteilbarer Ganzheit von-Natur-aus innewohnende Kraft, sich selbst zu organisieren, zu korrigieren und in Ordnung zu bringen, muss als das Globale Kooperative Forum in Erscheinung treten.

Viele Fragen bleiben offen. Und dennoch, dennoch ist in mir etwas, das diesem Faden nachgehen möchte. Ich gebe dem Globalen Kooperativen Forum eine wirkliche Chance. Die Basis für den Bewusstseinswandel, der sich auf dieser Erde in Form einer neuen Zivilisation manifestieren könnte, ist durch die schon immer bestehende Einheit gelegt. Wie wunderbar. Zwei Voraussetzungen sind allerdings für die Manifestation eines Globalen Kooperativen Forums zentral. Die erste Voraussetzung ist, dass die Idee oder Vision selbst niemandem gehört, das heißt, sie gehört allen. Damit transzendiert sie Adi Da, das heißt, sie wird vollkommen frei. Die zweite Voraussetzung ist, dass das Globale Kooperative Forum keine Tendenz der Aufsplitterung in sich birgt. Es geht grundlegend um Kooperation und Toleranz, die inklusive wirksam ist.

Die Wirklichkeit

Mein Verständnis, was Wirklichkeit ist, hat sich im Laufe meines eigenen Bewusstwerdungsprozesses ständig erweitert und vertieft. Die Schriften von Sri Aurobindo, Ken Wilber, Ramana Maharshi und Nisargadatta Maharaj, Adi Da, Gendün Rinpoche und anderen haben mich zutiefst inspiriert und ließen mich immer wieder innerlich überprüfen, was noch umfassenderes und tieferes Bewusstsein ist. In mir schwingt eine Art inneres Wissen, das diesbezüglich einfach genau weiß, was den Punkt trifft. Diesem inneren Licht folge ich. So weiß ich heute, dass selbst die Spiritualität mit all ihren Wegen auch noch einen Schritt zu tun hat. In meinem heutigen Verständnis gibt es nichts, aber auch gar nichts zu tun, als von Moment zu Moment die Eine Wirklichkeit zu leben.

Das Ego ist eine Art Selbst-Verkrampfung. Die Wirklichkeit selbst ist egotranszendierend, selbst-leuchtend, sich selbst-organisierend und selbst-offenbarend, unteilbar eins. In der Präsenz oder dem Zeuge-Sein von Moment zu Moment erscheint die kausale Welt als nicht zwingend oder bindend. Wir Menschen sind reines Bewusstsein, was immer erscheint oder nicht erscheint. Spiritualität ist letztlich nicht etwas, das es zu erreichen gilt. *Es ist.* Und dieses Gewahrsein leuchtet in empfindender Wärme, in tiefster Liebe als das ungetrennte und untrennbare Eine, das schon immer ist, war und sein wird. Ganz tief verstehend, vollzieht sich damit eine stille Revolution, die Sein und Werden umfasst. Bis jetzt dachten wir immer, wir müssten dies und das tun, damit es leuchtet. Ja und nein zugleich. Die Wirklichkeit selbst ist schon immer bestehend, selbst-leuchtend, egotranszendierend, unteilbar eins.

Verankert im Zeuge-Sein, jetzt, verändert sich etwas radikal für uns Menschen: *Es* leuchtet schon immer, *Es* liebt schon immer, *Es* ist schon immer eins, *Es* organisiert sich schon immer in Liebe für alle und alles zugleich und *Es* meint auf der Ebene dieser Welt eine Menschheit, die in Kooperation und Toleranz dieser Liebe Ausdruck verleiht. Wir lassen die Selbst-Verkrampfung los. Es ist, als würde der gesamten Menschheit reines Bewusstsein in all seinen Dimensionen und Ebenen erstmals zugänglich. Zumindest als nächste Bewusstseinswelle. Es werden sicherlich weitere folgen.

Ich erahne das Ganze erst. Aber mein Herz weiß, ja, es kann in diese Richtung gehen. Irgendwie muss der Bewusstseinswandel im Menschen auch ganz einfach sein. Jetzt ist die Zeit reif dafür. An einem bestimmten Punkt der menschlichen Bewusstseinsentfaltung ist Einssein die natürlichste Sache der Welt. Reines Bewusstsein, das ganz klar nicht Denken meint, aber dieses beinhaltet, ist das Geschenk der Zeit an die Menschheit.

Das Licht aller Lichter

Trotz all der Tätigkeiten im Feld des Werdens und dem Erforschen der Qualitäten des Seins ist das innerste Innere still. Es ist die Stille, die *ananda* – pure Glückseligkeit – schenkt, die sich in der Welt der Formen als *ananda* widerspiegelt. Diese Erkenntnis schließt und befreit zugleich den Schöpfungszyklus. Stille, jenseits von Worten, die Eine Wirklichkeit – sie bewirkt, sie bringt den Wandel hervor, die Quelle allen Seins und Nicht-Seins – das große Geheimnis.

In Essenz der Essenz ist leuchtendes Bewusstsein in Liebe unbegrenzt strahlend, absolut still und bewegt zugleich. Dieses Licht aller Lichter – die Eine Wirklichkeit – steht letztlich im Zentrum menschlicher und kosmischer Entwicklung und Entfaltung. Sie ist all dies und ist zugleich jenseits, wirklich jenseits all dessen, was Form und Namen hat und je haben wird. Die Hingabe an diese Wirklichkeit von Augenblick zu Augenblick bedeutet zu erwachen im Menschsein: Es erkennt *Es* selbst – das große Mysterium ist vollbracht. Es wird zu einer Art kosmischchymischer Hochzeit von Himmel und Erde, wenn sich dies als Gesamtkraft, als Menschheit, vollzieht.

Es bedarf einer messerscharfen Unterscheidungsgabe, unbegrenzter Liebe und tief greifender Weisheit, das Licht aller Lichter diamantklar von allen anderen Lichtern unterscheiden zu können. Denn letztlich ist nur das Licht aller Lichter selbstleuchtende Wirklichkeit. Alle anderen Lichter sind dessen Reflexion in untrennbarer Einheit. Alle Bewegungen sind Modifikationen der Einen Wirklichkeit. Im Licht aller Lichter wird der Tanz der Formen transparent. In dieser Transparenz singt der Kosmos sein heiliges Lied als alles und alle zugleich, selbstorganisierend und selbst-korrigierend in Harmonie des Ganzen, heil und in Glückseligkeit. Die Menschheit ist beides, sowohl das Licht aller Lichter als auch seine Modifikation in menschlicher Form. Präsent von Moment zu Moment, als Menschheit in seiner Totalität, wird eine Lichtkraft freigesetzt von noch ungeahnter Seins-Macht, die sich verantwortlich fühlt für das Ganze, sich selbst korrigiert als Sein und Werden, als bewusstes Tun im Nicht-Tun.

Mögen alle Menschen erwachen. Möge die Eine untrennbare Wirklichkeit im Herzen der Herzen in jedem Menschen als strahlendes Bewusstseinslicht in Liebe leuchten. Möge die universelle Lichtkraft unser Denken, Sprechen und Handeln selbst-korrigierend leiten. Möge die Menschheit ihre Lichtkraft im Lichte aller Lichter aktivieren, sodass sich Himmel und Erde in kosmischer Harmonie vereinen in untrennbarer Einheit.

Terra Nova – Gemeinschaft und Wahrheit unter Menschen als Quellen der globalen Heilung

von Sabine Lichtenfels

*Sabine Lichtenfels ist Theologin, Autorin mehrerer Bücher
und Mitgründerin des Heilungsbiotops 1 Tamera (Portugal)
sowie der dort bestehenden Liebesschule.
Sie leitete zahlreiche Reisen und Friedenspilgerschaften
mit mehreren Hundert Menschen in Krisengebiete und
entwickelte dabei die Friedensethik »Grace«.*

*Die wirkliche Gemeinschaft mit Menschen
muss aufgrund einer kosmischen Anteilnahme zustande kommen.
Nicht Sonderwerke des Ichs, sondern Menschheitsziele
bringen dauernde Gemeinschaft unter Menschen hervor.*
I GING

Ist die Erde noch zu retten?

Während ich mit der Endredaktion dieses Textes beschäftigt war, fielen in Israel/Palästina wieder Bomben. Krieg wütet im Land, schon viele Jahre, mal offen, mal versteckt. Krieg herrscht weltweit, Krieg wohnt bis heute jedem Frieden heimlich inne.

Wir wissen, dass wir so nicht weitermachen können, wenn wir als Menschheit überleben wollen. Der Heimatplanet zeigt uns die Rote Karte. Den Krieg weltweit zu beenden ist ein Wettkampf mit der Zeit geworden.

Krieg wird nicht nur unter Menschen geführt, sondern auch gegen die Natur. Die meisten Naturkatastrophen sind die Folge falscher menschlicher Eingriffe in die Kreisläufe der Erde. Wir tragen gemeinsam die Verantwortung für die katastrophale Lage unseres geliebten Planeten. Was ist zu tun? Ist die Erde noch zu retten?

Durch wie viele Prozesse sind wir als Menschheit schon gegangen! Durch wie viele Erziehungssysteme, Religionen, Antireligionen, Revolutionen, Aufklärungen, Thesen und Antithesen mussten wir uns durcharbeiten, um in uns das menschheitliche Erwachen vorzubereiten. Vom Einzeller zum Mehrzeller, vom Neandertaler zum Homo sapiens. Die Evolution zeichnete viele Vorentwürfe bis zur heutigen Menschheit. Wissen wir noch, dass die Menschheit ursprünglich in Stämmen organisiert war? Dann entfachte der Gedanke von Großreichen eine andere Kulturidee. Patriarchale Machtkämpfe und Eroberungsfeldzüge führten weltweit zu Reichsgründungen und zur Vernichtung von Stämmen und Gemeinschaften. Deren Götter hat man entmachtet, monotheistische Weltreligionen wurden – und werden bis heute – Andersdenkenden mit unaussprechlicher Gewalt aufgezwungen. Auch die heute geltenden sozialen Systeme der Liebe wurden anfangs mit Folter und Zwang eingeführt. Die sogenannte Christianisierung war mit unendlich viel Blutvergießen verbunden, und selbst das Gebot der Nächstenliebe wurde nicht wenigen Menschen unter Androhung der Todesstrafe aufgezwungen.

Aus dieser Geschichte kommend folgte für viele eine Phase des Atheismus. Es war ein menschliches Aufbäumen gegen ein System der Religionen, die das Vertrauen der Menschen aus Machtinteresse missbraucht hatten. Die Religionen waren von zu viel Gewalttaten begleitet, als dass wache Menschen noch unhinterfragt an einen liebenden Gott glauben konnten. Die jungen Revolutionäre riefen aus: »Gott ist tot!« Ganze Generationen wandten sich dem Intellekt zu und riefen das Zeitalter der Wissenschaft aus mit dem Credo: Alles ist machbar. Alles ist erklärbar. Viele vergaßen darüber ihr Herz und den Kontakt zu den universellen Kräften des Lebens. Die Menschheit bewegte sich, zumindest in Teilen, durch die Phase der Psychoanalyse und der Selbstanalyse. Sigmund Freud machte die abenteuerliche Entdeckung von Es, Ich und Über-Ich, von Verdrängung und unbewusster Triebsteuerung. Dort, wo Unbewusstes regiert hatte, sollte Bewusstsein erwachen. Aber auch er stieß an eine gesellschaftliche Grenze. Die Einsicht in die Wirkungsmacht der Sexualität als alles steuernder Kraft im kollektiven Untergrund der Gesellschaft hatte noch keine Chance auf wirkliche, gesellschaftsverändernde Akzeptanz.

Im sogenannten New Age wurde das Denken wieder entmachtet. Als zu kopflastig und kühl empfand man Geist und Logos. Der »*mind*« wurde verneint. Auf dem Thron der Weisheit folgte das Gefühl. »*Drop your mind*« wurde das Motto, mit dem man jede neue Erkenntnis entmachten konnte. Aber all diese

Versuche und Irrtümer brachten auch neue Früchte am Baum der Erkenntnis hervor. Nach und nach entdeckten einige Mystiker unter uns ganz im Stillen die göttliche Quelle auf neuer Ebene wieder und erinnerten sich an wirkliche Menschlichkeit. Sie entdeckten ein Denken, eine Logik, die nicht nur von der Analyse lebt, sondern aus der Verbundenheit mit allem Seienden entsteht. Ein geöffnetes Herz nimmt die Welt anders wahr, stellt andere Fragen und bleibt auch dort wissen-wollend, wo andere längst das Denkorgan verschlossen haben. Der erkennende Geist, der aus der Liebe kommt, führt zu einer neuen Funktionslogik.

In dieser ganzen Zeit hat sich der Kulturimpuls für eine humane Gesellschaft nicht zerstören lassen, er überlebte alle Vernichtungssysteme. Immer noch sehnt sich das menschliche Herz nach Liebe und wahrer Menschlichkeit, nach Erkenntnis und mystischer Einheitserfahrung. Immer noch umarmen sich Liebende, blühen Blumen, klopfen Erfinderherzen und suchen abenteuerliche Geister nach neuen Wegen der Heilung auf diesem Planeten. Ist diese Erde noch zu retten? Gibt es tatsächlich eine Chance, auszusteigen aus dem System der Gewalt? Nach all den Jahrhunderten der Glaubenskämpfe, der Thesen und Antithesen, der Affirmation und Negation stehen wir wieder neu vor dem großen Wunder der Schöpfung. Es ist unabhängig von der Frage aller Definitionen, es ist das Leben selbst, das uns immer neu hoffen und sehnen lässt, bis wir schließlich angekommen sind in dem großen Mysterium des Seins.

Mystik und Erkenntnis wollen sich miteinander verbinden, Herz und Verstand. Wer oder was macht das Wunder möglich, dass die Sonne aufgeht? Wer bringt die Schönheit des Wassertropfens hervor? Was ist es, was nach allen Kriegen immer noch liebende Herzen schlagen lässt, Blumen zum Duften bringt, Dichter und Künstlerinnen um eine angemessene Sprache ringen lässt? Dieses tiefe Wunder der Schöpfung! Die vielen menschlichen Schmerzerfahrungen haben dazu geführt, dass wir das Leben nicht mehr zu früh mit Definitionen blockieren. Gerade deshalb kann uns das ursprüngliche Staunen jetzt tiefer erfassen und lenken.

Aussteigen aus dem System der Gewalt

Gehört Krieg zu unserer Natur, wie noch viele unserer Väter glaubten? Oder steht hinter dem Krieg eine höhere Ordnungsebene, eine nicht eingelöste Friedenskraft, die noch auf Verwirklichung wartet?

Es ist zunächst einmal entscheidend, in aller Nüchternheit die Tatsache anzuerkennen: Unsere Gesellschaftssysteme profitieren vom Krieg. Mehr noch, sie bauen darauf auf. Ohne Krieg könnten die heutigen Volkswirtschaften nicht überleben. Nur wenige Menschen hatten in den letzten Jahrzehnten die Kraft und den Mut, das Gesamtsystem zu hinterfragen. Die bestehende Realität wird uns früher oder später zu der Erkenntnis zwingen, dass wir uns vor dem Krieg nicht hinter Mauern verschließen und dann im eigenen Hause unseren privaten Frieden leben können. Wir leben in einem globalen Machtsystem, das dabei ist, sich selbst und diesen Planeten zu zerstören.

Dieter Duhm, mein langjähriger Lebenspartner und Mitgründer von Tamera, fasste in seiner Schrift »Nach 2012 – Geburt einer neuen Menschheit. Worin besteht der Bewusstseinswandel?« diesen Vorgang zusammen:

*»Der weltweite Krieg kann nicht überwunden werden, solange nicht im Menschen die zugrunde liegenden **inneren** Strukturen und Denkmuster überwunden werden. (...) Es sind automatisierte, meistens unbewusste Denkgewohnheiten, die heute hinter dem täglichen Elend stehen.«* (S. 7)

Als Menschheit sind wir aufgerufen, unser kollektives Trauma, die Denkmuster von Angst und Gewalt, die der menschlichen Zivilisation zugrunde liegen, zu erkennen und behutsam aufzulösen. Wir können alle heute sehen, wie die Ereignisse, die Dieter Duhm in seinem bereits 2009 geschriebenen Text angekündigt hat, tatsächlich geschehen und dabei gewaltige Transformationsprozesse offenbaren. Immer noch gehen viele Menschen daran vorüber, als wollten sie bewusst alle Mahnungen übersehen und überhören.

Doch mehr und mehr engagierte Menschen kommen zu der Erkenntnis: Es helfen keine Reparaturen mehr. Noch einmal Dieter Duhm aus »Tamera-Manifest für eine neue Generation auf dem Planeten Erde«:

»Hinter dem globalen Massaker unserer Zeit stehen falsche Systeme der Ökonomie, falsche Vorstellungen von Liebe und Religion, falsche Denksysteme und ein unendlicher Missbrauch der natürlichen Ressourcen. Durch die falsche Richtung dieser Evolution entstand eine globale Matrix von Angst und Gewalt, die sich tief in die kollektive Menschenseele eingefressen hat.« (S. 3)

Es gibt nach meiner Wahrnehmung nur noch einen Ausweg aus der Sackgasse: der vollkommene Ausstieg aus dem globalen Kriegssystem und die Entwicklung neuer dezentraler Systeme, in denen Friede zur Realität werden kann.

Systemwechsel – Aufbruch zu neuer Menschlichkeit

Dafür habe ich 1978 zusammen mit Dieter Duhm und Charly Rainer Ehrenpreis das Projekt »Bauhütte« gegründet. Wir waren uns zu der Zeit noch nicht im Klaren darüber, auf wie viele Widerstände ein solcher Neuanfang stoßen würde. Durch zahlreiche Auf- und Niedergänge, durch tausend Neuanfänge mussten wir uns hindurcharbeiten. Versuch und Irrtum, Erkenntnis und Schaffensfreude haben uns dahin gebracht, wo wir heute stehen.

Auf dieser Suche war es wichtig, in den verschiedensten Institutionen und Ländern dieser Erde Genossen und Genossinnen zu finden, die am selben Ziel arbeiten. Es geht um die Liebe zur Menschheit, die uns alle verbindet. Seit vielen Jahren ist mir Pia Gyger eine gute Freundin, weil sie dasselbe liebt wie ich. Sie arbeitet, wenn auch aus einer ganz anderen Richtung kommend, am selben Ziel: der Beendigung des Krieges auf der Erde. Über die wachsende Freundschaft zu Pia lernte ich ebenfalls Anna Gamma und Annette Kaiser immer tiefer kennen. Was mich mit ihnen verbindet, ist ihr bedingungsloser Einsatz für die Heilung dieser Erde. Wenn wir einmal entdeckt haben, dass wir dasselbe lieben, dann können wir immer feiner auf die aufkommenden Konflikte und Unterschiede schauen. Man will die Wahrheit wissen. Es geht nicht darum, irgendjemanden missionieren zu wollen, sondern gemeinsam einzutreten in die Wahrnehmung füreinander und um die konsequente Suche nach Lösungen.

Heute können wir sagen, die Arbeit hat sich gelohnt. Es gibt Antworten auf die globale Krise. Die Frage bleibt, ob es uns menschheitlich gelingt, die Systeme zu entwickeln, in denen sie angewendet und erprobt werden können. Seit 1995 arbeiten wir in Tamera, Portugal, daran, das Projekt der Heilungsbiotope aufzubauen. Es geht um die Frage der planetarischen Heilung. Von vielen verschiedenen Seiten aus stellen wir uns der globalen Herausforderung, dem Notruf der Erde. Es ist wohl auch für letzte Zweifler nicht mehr zu übersehen, dass die Menschheit in das Stadium der Apokalypse eingetreten ist. Die Jugend aus Gaza formuliert es in ihrem Aufschrei überdeutlich:

»Wir haben Angst. Hier in Gaza haben wir Angst, ins Gefängnis zu kommen, verhört, geschlagen, gefoltert, bombardiert, getötet zu werden. (...) Wir sind eine Jugend mit schwerem Herzen. Wir tragen in uns eine so immense Schwere, dass es schwer für uns ist, uns an einem

Sonnenuntergang zu freuen. (...) In uns wächst eine Revolution, eine große Unzufriedenheit und Frustration, die uns zerstören wird, wenn wir nicht einen Weg finden, diese Energie zu kanalisieren in etwas, das uns irgendeine Art von Hoffnung geben kann.«[18]

Es ist der Notruf einer Generation ohne Hoffnung. Ein Notruf, der inzwischen von jungen Menschen weltweit zu hören ist, auch hier in Europa. Ich habe zusammen mit anderen Friedensarbeitern und Friedensarbeiterinnen verschiedene Pilgerschaften in Israel/Palästina, in Kolumbien und hier in Portugal durchgeführt. Ich wurde Zeugin von viel menschlichem Elend, aber ebenso von berührender Menschlichkeit und Hoffnung. Wir haben den »Globalen Campus« gegründet, eine Initiative für Friedensaktivisten und -aktivistinnen aus Krisengebieten mit Stützpunkt in Tamera. Gemeinsam arbeiten wir an einer globalen Perspektive.

Tamera ist ein Ort, an dem Friedensarbeiter und Friedensarbeiterinnen aus aller Welt studieren können, weltweit autarke Friedensmodelle aufzubauen. Wir leben in einer Zeit, in der die ganze Welt fast nur noch dem Modell des globalen Kapitalismus folgt, mit seiner Unmenschlichkeit, Gier und Abhängigkeit vom Krieg. Dieser Weg führt in die Zerstörung. Den Aufbau funktionierender Modelle für ein anderes Leben sehe ich in dieser Zeit der Krise als die einzig mögliche Antwort. Diese Modelle können uns als Menschheit zeigen, wie wir aus den bestehenden Systemen aussteigen und in welches neue System wir einsteigen können. Im Folgenden versuche ich, die Möglichkeiten dieses anstehenden Systemwechsels aufzuzeigen.

---

18 Siehe »Manifest der Jugend von Gaza«:
   https://linksunten.indymedia.org/de/node/31393;
   verfasst von Free Gaza Youth

Das Wunder des »Ich bin«

Ein großes Mysterium lässt die Rose Rose werden, bringt die Elemente hervor und alles Leben. Dasselbe Wunder lässt mich sagen: »Ich bin.« Welche Schaltung im Gehirn findet da statt? Was ist das für ein Ich? Nichts von dem, was mich ausmacht, habe ich selbst hervorgebracht, weder Körper noch Gehirn noch Seele. Dasselbe Wunder, das in mir wirkt, wirkt auch in Ihnen und bringt dort einen ganz anderen Körper, ein ganz anderes Wesen hervor. Und doch sagt jeder mit großer Selbstverständlichkeit: »Ich bin«. Was ist das für ein Ich, das da durch jeden von uns pulst, denkt, fühlt, liebt, staunt und sich sehnt, hin zu einer umfassenden Erfahrung der Einheit allen Seins? Ist nicht das, was mich »Ich« sagen lässt, und das, was wir Gott nennen, dasselbe unerklärliche Wunder? Wer oder was atmet, wenn ich atme? Was sind das für Zellen, die da tanzen und meinen Leib bilden? Wer sich mit diesen Fragen verbindet, kommt zu der Wahrnehmung: Es gibt zwei Systeme, das System, das wir geschaffen haben, und das System, das uns geschaffen hat. So wie das Ego mit dem höheren Selbst ringt, so kämpfen Gesellschaftssysteme gegen eine höhere universelle Ordnung des Lebens. Wenn wir an eine lebenswerte Zukunft denken, kommen wir nicht an der Einsicht vorbei: Diese beiden Systeme müssen wieder zusammenkommen.

Wir dürfen heute das Heilige im Zentrum allen Lebens bestaunen, ohne es zu früh zu benennen und zu definieren. Wir dürfen uns Zeit nehmen für die Wahrnehmung, dass im Inneren unseres Lebens ein heiliger Kern waltet. Allein das Gewahrwerden dieser Tatsache verändert unser Leben. Dieses Erwachen findet derzeit an vielen Orten dieser Erde statt. Es führt uns zurück zu einer planetarischen Kraft, zur gemeinsamen Parteinahme für alles Leben hier auf dieser Erde. Es führt von selbst zu neuen Formen der gegenseitigen Anteilnahme, der gegenseitigen Akzeptanz. Wir staunen im Angesicht der Vielfalt des

Lebens. Genauso elementar wie unsere Wahrnehmung, dass in uns allen dieselbe heilige Urkraft waltet, ist die Tatsache, dass das Leben eine unendliche Vielfalt erzeugt. Es ist das große Wunder der menschlichen Vielfalt und Einheit zugleich. Wir geben menschheitlich unseren Missionseifer auf, der uns dazu bewogen hat, anderen das aufzuzwingen, was wir für richtig hielten, wenn wir wieder heimkehren in das Geheimnis des Lebens. Als *eine* Menschheit lieben wir diesen Planeten, und wir stellen selbstverständlich unser Leben in den Dienst an Mutter Erde.

Wenn wir wieder bewusst eintreten in die Wahrnehmung für das Wunder des Lebens, kommen wir zu vollkommen neuen sozialen Strukturen. Wir werden anerkennen müssen, dass unsere gesellschaftlichen Systeme lebensfeindlich waren, dass sie auf lebensfeindlichen Paradigmen des Vergleichs, der gegenseitigen Abgrenzung, der Konkurrenz aufgebaut waren und notgedrungen zur Selbstzerstörung führen mussten. Aus dem Bewusstsein der Trennung heraus tobte auf der persönlichen Ebene ein verletztes Ego und kämpfte um mehr Liebe, mehr Anerkennung, mehr Macht, mehr Geld. Es baute sich seine Schutz- und Trutzburgen, denn im Kern stand der Glaube, sich vor dem Leben schützen zu müssen. Und auf der nächsthöheren Systemebene, in Staat und Gesellschaft, spielte sich derselbe Kampf ab. Hinter immer neuen Fassaden maskierte sich die immer gleiche Kralle eines kollektiven Egos, das im Äußeren einen Feind besiegen wollte, den es im eigenen Inneren nicht greifen konnte.

Im Herzen all dieser Vorgänge sitzt der Glaube an den Mangel, der Glaube an den Verlust, der Glaube an die Trennung und daran, dass im Innersten eine schreckliche Wahrheit wartet, vor der man sich schützen muss. Der strafende Gott, den wir selbst erschaffen haben, hat eine erschreckende Realität bekommen und regiert auf der unbewussten Ebene sogar noch in den Herzen der größten Atheisten. Er verbreitet die Botschaft, man müsse stärker sein als die Macht der Natur, mächtiger, intelligenter, gieriger, getarnter, hinterlistiger. Das Monster, vor dem wir uns so fürchten, haben wir selbst hervorgebracht. In dieser Einsicht liegt der entscheidende Wendepunkt für eine umfassende Kulturwende. Es ist der Kristallisationspunkt für die Entwicklung vollkommen neuer Systeme.

Das Wunder der Gemeinschaft

Eine Person, die gelernt hat, Definitionen hinter sich zu lassen und bewusst in das Staunen darüber einzutreten, dass überhaupt etwas ist, wird nicht nur an das Wunder des »Ich bin« herangeführt. Sie wird mit Erstaunen feststellen, dass dieses Ich nur deswegen existieren kann, weil es bereit ist zur Kooperation. Das getrennte Ich ist eine Illusion, so wie sich die Vorstellung als Illusion entpuppte, dass wir »privat« aus dem Gesamtsystem aussteigen könnten.

Für das, was wir »Ich« nennen, müssen unzählige Zellen ein ständiges Zusammenspiel koordinieren, müssen Herz, Leber, Lunge und Milz zusammenarbeiten. Würde sich die Leber mit dem Herzen vergleichen oder die Milz von der Niere abgrenzen, würde das ganze System auf der Stelle zusammenbrechen. Jedes Organ nimmt seinen exakten Platz ein, fragt nicht, ob es höher oder niedriger steht, kommt nicht auf die Idee, mehr oder weniger wert sein zu wollen als das andere. Und darüber hinaus kann dieser Organismus nur deswegen funktionieren, weil er ständig an das Ganze angeschlossen ist. Es gibt keinen Organismus, der ohne Luft oder Licht oder Wasser funktionieren könnte. Es ist dieselbe Luft, die wir atmen, es ist dieselbe Sonne und auch derselbe Mond, die über uns scheinen.

Mit Staunen stellen wir fest, dass jedes Individuum ein Gemeinschaftsunternehmen ist. Leben an sich kann sich nur in Gemeinschaft organisieren. Die größte Wunde der Menschheit besteht darin, dass die menschlichen Gemeinschaftsformen vernichtet wurden. Stattdessen haben uns Neid, Missgunst und

Abgrenzung in die Vereinsamung geführt. Dies führt uns zu einer radikalen Konsequenz: Wenn wir den Krieg beenden wollen, sind wir herausgefordert, Systeme zu entwickeln, in denen Krieg überflüssig wird, und uns auf die elementare Daseinsform der Gemeinschaft zu besinnen. In einem Organismus gibt es keine Feinde. Es gibt Kooperation statt Konkurrenz, Wahrheit statt Lüge, Öffnung statt Verschluss.

Es wird sich zeigen, dass durch die Entwicklung neuer Lebenssysteme die Wunden der Vergangenheit heilen können – durch Formen gemeinschaftlichen Zusammenlebens, in denen die Transparenz und präzise Zusammenarbeit, wie sie im Organismus wirkt, zu unserem Vorbild werden. Gemeinschaft ist eine universelle Lebensform. Alles Leben organisiert sich in Gemeinschaft. Gemeinschaft ist so elementar wie das Atmen. Wenn die Grunddaseinsform der Gemeinschaft gestört oder entfremdet ist, dann ist der gesamte Organismus gestört. Die Vernichtung der ursprünglichen Gemeinschaften lebt als Urtrauma in uns allen fort und führte zu einer menschheitlichen Verletzung. Krieg und Gewalt, Misstrauen und Angst sind wesentliche Folgen dieser Kernverletzung. Diese Wunde muss geheilt werden. Der Aufbau von autarken Gemeinschaften gehört zu den Heilungsimpulsen, die einen wesentlichen Beitrag leisten werden zur Heilung der Erde. Wenn es an einigen Orten wieder gelingt, natürliche Keimzellen der Gemeinschaft zu entwickeln, wird sich der menschheitliche Organismus erinnern an eine heile Lebensform, in der Gesundheit, Vertrauen und Wahrheit möglich werden. Die Kultur der Zukunft wird das Wunder des Lebens wieder in das Zentrum stellen. Das Leben ist uns heilig. Das Leben selbst ist unser Vorbild. Es führt uns vor, wie sich Lebensformen entwickeln können, die mit dem Ganzen in Verbindung stehen, so wie die Zelle mit dem Gesamtkörper.

Mit 16 Jahren träumte ich den Traum, einmal ein Dorf zu gründen, in dem wir vollkommen neue Formen des Lebens und des

Liebens entwickeln würden. Zitate von indianischen Anführern hinterließen einen tiefen Eindruck in mir. Sie wiesen eindringlich darauf hin, dass wir uns und unsere Erde zerstören, wenn die Gesellschaften sich nicht auf einen radikalen Wandel besinnen. Vine Deloria jr., ein bekannter Indianeranführer, sagte: »Nur Stämme werden überleben.« Einige Aussteiger griffen diese Mahnung auf, aber ohne wirklich zu wissen, wie sie sie umsetzen konnten. Viele Versuche mussten scheitern. Die Entwicklungen zeigten es überdeutlich: Aussteigen allein genügt nicht. Um aussteigen zu können aus den alten Strukturen, müssen neue Systeme entwickelt werden, in die man einsteigen kann. Dazu gehört ein Höchstmaß an Konzentration, Willenskraft, Präzision und Entscheidungskraft. Liebe ist mehr als ein Gefühl!

Wir haben damals beschlossen, aus den bestehenden Systemen so weit wie möglich auszutreten und mit all der uns zur Verfügung stehenden Hingabe nach neuen Formen des Lebens und Überlebens zu suchen. Wir sind mit großer Konsequenz der Frage nachgegangen, wie denn Systeme aussehen, in die wir gerne einsteigen.

Machtwechsel

Der Satz von Vine Deloria jr. sagt für mich auch: Wenn wir als Menschheit überleben wollen, stehen wir vor der großen Aufgabe, uns zusammenzutun über alle ideologischen Schranken hinweg, die Aussteiger und die Friedensforscher und -forscherinnen, die im System geblieben sind. Gemeinsam müssen wir die Konsequenzen ziehen, die die planetarische Situation heute einfordert. Wir haben die kosmische Aufgabe, eine Stimme der Kraft und der Hoffnung zu entwickeln, ein »heiliges Dennoch«, das Quelle sein und Mut zur Veränderung geben kann. Es helfen keine falschen Tröstungen mehr. Wir spüren alle, dass wir uns in einer globalen Transformation befinden. Die neue planetarische Herausforderung besteht in einem fundamentalen Systemwechsel – vom System der Angst und Gewalt zur tieferen Matrix des Vertrauens.

Wir stehen vor einem Machtwechsel. Die neue Macht besteht nicht mehr in der Macht über andere, sondern in der Wiedervereinigung mit den heiligen Gesetzen des Lebens, in der Rückkehr zur wahren Quelle. Wir sind gewünscht als Mitschöpfer und Mitschöpferinnen, die sich in großer Bescheidenheit und Demut ihrer inneren Führung anvertrauen und dabei gleichzeitig ihre innere Größe erkennen und bejahen, die daraus erwächst. Im Zentrum steht *eine* Wahrheit, und sie steht jenseits aller Weltanschauungen. Es ist die Wahrheit des Kontaktes zum Lebendigen. Sie zeigt sich in vielen Formen, sie ist in vielen Kulturen zu Hause, sie transzendiert jede Form von Einseitigkeit oder Recht-haben-Wollen.

Wir sind aufgerufen, das wiederzufinden, was in uns allen dasselbe ist. Es ist die *All-Eine* Kraft, die uns alle lenkt, das große Mysterium des Lebens, das sich in großer Vielfalt, Gegensätzlichkeit und Andersartigkeit entfalten möchte. Wir haben die große Aufgabe, alle starr gewordenen Glaubenssysteme zu transzendieren und die Heiligkeit des Lebens in unsere Mitte zu stellen. Hierfür brauchen wir vollkommen neue Strukturen des menschlichen Zusammenlebens. Alles Leben entfaltet sich in Gemeinschaft und Kooperation. Weltweit entstehen bereits neue Keimzellen. In den Krisen unserer Zeit wird neues Gemeinschaftswissen zu Überlebenswissen werden. Wir alle sind aufgefordert, dorthin zu gehen, wo die Schöpfung uns haben will. Welches Organ ist jeder von uns im Ganzen? Wie kann das Ganze am vortrefflichsten durch uns handeln? Die Zauberworte für eine neue Kultur heißen Solidarität, Mitgefühl, Kooperation und Kohärenz. Wir sind eine menschheitliche Familie. Wir alle sind herausgefordert, an unsere Grenzen zu gehen, wenn der anstehende Systemwechsel gelingen soll. Es helfen keine

Ideologien mehr, uns hilft nur noch ein gemeinsamer Eintritt in die höhere Ordnung des Lebens. Ich arbeite zusammen mit christlichen Nonnen und Patern und heidnischen Priestern und Priesterinnen, mit tibetischen Mönchen, Zen-Lehrern, jüdischen Rabbis und islamischen Sheikhs.

Das sogenannte »Frauenkleeblatt«, das Anna Gamma, Pia Gyger, Annette Kaiser und ich gemeinsam gebildet haben, ist ein wunderbares Beispiel dafür, dass wir uns, aus den verschiedensten Weltanschauungen und Denkrichtungen kommend, solidarisch vereinen und so gemeinsam für eine große Heilungsaufgabe wirken können. Einheit suchen und Unterschiede achten, Vielfalt und Einheit gleichzeitig zelebrieren, das ist die Leitlinie, die uns verbindet und unsere Auseinandersetzungen spannend sein lässt. Wir waren bereit, Vorurteile hinter uns zu lassen und in eine wirkliche Kooperation einzutreten. Ich lernte Atheisten und Prostituierte kennen, die in das Zentrum ihrer Arbeit die uneingeschränkte Nächstenliebe stellen. Ich nahm mit großer Hingabe und Dankbarkeit die Eucharistie in Kolumbien entgegen, unter den Flüchtlingen und Vertriebenen. Hier kann ich Kraft und Hoffnung teilen, wenn wir das Brot brechen und sagen: »Dieses ist mein Leib.«

Der Systemwechsel wird sich vollziehen, ob wir wollen oder nicht. Die Frage ist, ob er zum Untergang oder Neuanfang führt. Wir sind alle gerufen, uns auf die Einheitlichkeit allen Lebens zu besinnen und zu kooperieren. Jesus sagte: »Ihr werdet die Wahrheit erkennen, und die Wahrheit wird euch frei machen.« (Joh. 8, 32) Das Thema, mit dem wir unterwegs sind, lautet: Krieg beenden – Frieden leben. Es begleitet uns in all unseren Tätigkeiten und lässt uns immer neu das lebendige Wort suchen und die damit verbundene Tat. Die Frage, die an uns alle gerichtet ist, lautet: Wagen wir es jetzt mutig und radikal genug, den Traum einer freien, heilen Erde abzurufen?

Systemwechsel im Umgang mit Wasser

Ich habe mich im vergangenen Jahr intensiv mit ökologischen Fragen auseinandergesetzt. Auf verschiedensten Treffen haben Visionäre wie Sepp Holzer oder auch Bernd Walter Müller umfassende Antworten auf die ökologischen Zentralthemen gegeben. Die frohe Botschaft lautet: Wasser, Energie und Nahrung stehen der ganzen Menschheit kostenlos zur Verfügung, wenn wir der Logik der Natur folgen und nicht mehr den Gesetzen des Kapitals.

Dem gegenüber steht die heutige Realität zahlreicher Dürrekatastrophen und von so vielen hungernden Kindern. Wir haben uns schon so sehr an die Bilder menschlichen Elends gewöhnt, dass eine Erde, auf der alle Menschen genügend Wasser, genügend Energie und Nahrung bekommen, wie eine unrealistische Utopie erscheint. Wenn wir aber die vorhandenen Informationen sachkundig zusammenführen und zu Ende denken, finden wir die Vision für eine lebendige Erde, auf der alle Wesen satt werden können. Sie lebt von dem Aufbau dezentraler, autonomer, mit der Natur kooperierender Systeme, die wir der Zentralisierung der großen Machtsysteme gegenüberstellen. Wenn wir uns in aller Tiefe auf das Wesen des Wassers besinnen, kann es uns beispielhaft den Systemwechsel lehren, der auch für andere Bereiche des Lebens gilt. Das Wasser birgt alle Geheimnisse des Lebens in sich. Ist es nicht ein unendliches Wunder, dass jeder Organismus und auch der Erdorganismus zum größten Teil aus Wasser bestehen? Pflanzen, Menschen und Tiere bestehen zu 50 bis 80 Prozent aus Wasser. Wasser bedeckt fast 71 Prozent der Fläche der Erde.

Das große Wunder des »Ich bin« wirkt in seiner Komplexität auf vielen Ebenen durch uns hindurch. Der Leib der Erde und unser Leib sind viel mehr eins, als wir bisher bewusst wahrnehmen. Das große Mysterium, das große Geheimnis wirkt in mir und in der Welt gleichermaßen. Mit Recht kann jedes Wesen auf der Erde sagen: »Ich bin Wasser.« Wasser ist ein lebendiges Wesen, so wie ich ein lebendiges Wesen bin. Ob es sich zerstörerisch entfaltet oder als Leben spendende und erhaltende Quelle, entscheidet sich an der Frage, wie wir es wahrnehmen und wie wir mit ihm kooperieren.

Das zu verstehen, hat tief greifende Konsequenzen. In der neuen Wissenschaft werden wir vor jedem äußeren Eingriff das Gegenüber erst fragen: Was möchtest du von mir? So, wie wir nicht getrennt sind vom Ganzen, gibt es auch keine äußere, objektive, leblose Materie, mit der wir ungefragt tun können, was wir wollen. Alles hat eine Eigenschwingung und ist mit allem verbunden. So lautet eine Grundregel in der neuen Forschung: Wenn wir Liebe erhalten möchten, so schicken wir Liebe in all unseren Handlungen voraus. Wir behandeln alles, was uns begegnet, so wie wir selbst behandelt werden möchten. Denn in allem waltet das große »*Ich bin*«. Alles basiert auf dem Prinzip der Resonanz, und alles, was wir tun, hat eine Rückwirkung auf uns. Der Systemwechsel beginnt damit, dass wir das Wesen des Wassers kennenlernen möchten. Was ich im Folgenden beschreibe, kann genauer nachgelesen werden in Bernd Walter Müllers Veröffentlichung »Das Wasser-Geheimnis als Grundlage der neuen Erde – Heilung des Wasserkreislaufs durch den Aufbau von ›Retentionslandschaften‹«.[19] Ich möchte es an einem lokalen Beispiel aufzeigen, doch dasselbe spielt sich in vielen Ländern so oder ähnlich ab. Unsere Landschaft, der südliche Alentejo in Portugal, gilt als Trockengebiet, eine Art Halbwüste. In den Wintermonaten fällt aber in der Regel heftiger Regen. Bernd Walter Müller schreibt dazu:

»Die Menge an Wasser, die in wenigen Tagen füllt, würde ausreichen, um die Bevölkerung des gesamten Gebietes für das ganze Jahr mit Trink- und Brauchwasser zu versorgen. Stattdessen aber fließt das

---

19 Dieser und die weiteren angegebenen Studientexte können beim Verlag Meiga erfragt werden (www.verlag-meiga.org).

Wasser ungenutzt ab und richtet zudem noch heftige Zerstörung an.
Es reißt fruchtbare Erde mit sich, Fundamente von Brücken werden
unterspült und zerstört, Straßen überschwemmt und gelegentlich
ganze Städte und Dörfer überflutet.« (S. 5)

Er beschreibt dann den ursprünglich großen, heilen Wasserkreislauf, der aber heute gestört und unterbrochen ist. Wir erleben heute fast nur noch den kleinen Wasserkreislauf:
»Wasser verdunstet, bildet Wolken, regnet ab. Der Regen trifft dann
auf eine Erde, die das Wasser nicht mehr aufnehmen kann, denn die
Wälder wurden abgeholzt, das kahle Land als Weiden übernutzt. Die
Vegetation wurde durch Überweidung geschwächt, der Humus ab-
gewaschen. Der nun ungeschützte Boden heizt sich auf. Wenn der
Boden aber eine höhere Temperatur hat als das Regenwasser, kann
er es nicht aufnehmen. Er verschließt sich, wird hart und das Was-
ser perlt ab. Es sammelt sich in großen Strömen, die schnell abflie-
ßen. Wo noch Humusschichten sind oder fruchtbare, lockere Erde
ist, reißt es diese mit sich. So kommt es zum fatalen Problem der
Erosion.« (S. 6)

Wie oft hören wir Nachrichten von Überschwemmungen,
Waldbränden oder Dürrekatastrophen. Wir sind gewohnt, in
solchen Fällen von Naturkatastrophen zu sprechen, in Wirklichkeit sind sie aber vom Menschen gemacht. Wir müssen anerkennen: Wir sind die Ursache der Zerstörung. Mögen wir
auch die Ursache dafür werden, diese Krankheit zu heilen!

Ich sehe die weltweite Situation des Wassers als Spiegel, der
uns zeigt, wie unsere seelische Situation ist. Statt sich auf die
Kräfte der Natur zu verlassen, die das Wasser dorthin leiten, wo
es gebraucht wird, staut der Mensch es, um es kontrollieren zu
können und dann in zentrale Versorgungssysteme zu leiten. Das
gilt für das Wasser wie für unsere Lebensenergien. Das Wasser
wie das Leben möchten sich ihrem Wesen gemäß bewegen können. Sie möchten nicht gestaut oder in enge Kanäle gezwängt
werden. Sepp Holzer schreibt:

»Alles, was lebt, will sich bewegen. So geht es auch dem Wasser. Durch Bewegung bleibt es lebendig und erneuert sich immer wieder selbst.«[20]
Und Bernd Walter Müller dazu:
»Wie jedes Lebewesen, braucht auch das Wasser die Freiheit, sich seinem Wesen gemäß bewegen zu dürfen. Wasser will sich einrollen, verwirbeln, schwingen, mäandern, dann bleibt es vital und frisch. Durch die Bewegung reinigt es sich von selbst.«

Wenn Wasser natürlich gelenkt und verantwortlich genutzt wird, verschenkt es sich überallhin. Doch weil wir Menschen denken, dass es zu wenig gibt, versuchen wir, Wasser für uns zu horten und zu kontrollieren. Wir erkennen nicht, dass genügend Regen für alle Wesen fällt, wenn er von einem gesunden Erdkörper mit gesunder Vegetation empfangen werden kann. Wer sich hineindenkt in das Geheimnis des Wassers, erkennt die Möglichkeit, Retentionslandschaften aufzubauen, Landschaften also, in denen der Erdkörper und die Vegetation wieder in der Lage sind, das gesamte Regenwasser aufzunehmen, und in denen sich das Wasser naturgemäß und frei bewegen darf. Retentionslandschaften sind eine lokale Antwort für das globale Problem des Wassermangels – und damit für das Überleben der Menschheit und die Heilung der Erde. Eine Antwort, die für alle Regionen der Welt gilt.

Bei alldem dürfen wir uns darauf besinnen, dass wir nicht einfach mit der äußeren Erde arbeiten, sondern mit einem beseelten Wesen. Aus dem Kontakt zum Organismus Erde entstehen vollkommen neue Bilder einer Landschaft, die nicht nur ökologisch sinnvoll ist, sondern auch schön. Überall, wo Regen fällt, wird man kleine Seen und Terrassen, Wälder und Gärten anlegen. So lädt man das Wasser ein zu verweilen. Man gibt ihm Zeit, langsam in die Erde einzusinken, sodass der Erdkörper satt werden kann. Pflanzen und wilde Tiere siedeln sich wieder an. Dieses Prinzip funktioniert ähnlich sogar in der Wüste.

---

20 Sepp Holzer: *Wüste oder Paradies*, S. 79

Dort, wo Wasser richtig behandelt wird, hat es zugleich heilende Wirkung auf das Ganze: Wo genügend Wasser ist, wird genügend Nahrung wachsen. Natürlich wird hiermit auch ein neuer Weg aufgezeigt, auf den Welthunger eine Antwort geben zu können, nämlich durch dezentrale Subsistenzwirtschaften, die in den Wasserretentionslandschaften entstehen. Jede Region in jedem Klima, so sagt Sepp Holzer, kann ihre Bewohner ernähren.

Die vorgeschlagene Lösung für das Wasser wird in ganzem Umfang nur dort funktionieren können, wo wir uns auf gemeinschaftliche Lebensformen besinnen. Denn Wasser ist ein Element der Verbindung. Der wesensgerechte Umgang mit Wasser kann nicht in Systemen von Abgrenzung, Profit und Besitz funktionieren. Die Wasserretentionslandschaften, ihre Uferterrassen, essbaren Landschaften und Gärten wollen von den Menschen gemeinsam gepflegt und genutzt werden. So lehrt uns das Wasser selbst, als Gemeinschaften zusammenzukommen – als Menschen, die ein Leben in Kontakt mit den Vorgängen der Natur führen.

Anhand des ersten Modells in Tamera wollen wir aufzeigen, dass diese Methode tatsächlich funktioniert. Es ist gut zu wissen, dass wir mit dieser Arbeit nicht allein sind. Helferkräfte der Natur stehen zur Verfügung, denn das Ganze der Schöpfung ist auf Heilung ausgerichtet. Der Heilungsvorgang wird sich aber nur in einem Organismus vollziehen, der sich wieder öffnet für die gemeinschaftlich funktionierenden Vorgänge des Ganzen. Das führt uns zwingend zum nächsten Thema: der Liebe.

Das Liebesgeheimnis – Systemwechsel in der Liebe

Was ich für das Wasser geschrieben habe, gilt in verblüffend ähnlicher Weise auch für unseren Umgang mit Eros und Liebe. Die verschwiegene Lust, über die man kaum öffentlich spricht, führt Regie hinter den Kulissen unserer Kultur. Die anonyme Anziehung der Geschlechter und die Sehnsucht nach Intimität bestimmen über Markt, Modeindustrie und Geldbeutel. Aber es gibt heutzutage kein Gesellschaftssystem, in dem diese beiden Grundtriebe – Sex und Liebe – versöhnt miteinander sind und befriedet werden können. Sie führen Krieg gegeneinander.

So werden Ehen geschlossen und geschieden. Millionen von Frauen und Männern betrügen heimlich ihre Partner, getrieben von etwas, das sie nicht wirklich benennen können. Es wird auf der Erde keinen Frieden geben, solange in der Liebe Krieg herrscht. Unsere Kultur hat Gesetze für die Liebe festgelegt, die unserer erotischen Natur widersprechen. Sie hat ein Liebesbild zur gesunden Norm erklärt, das in sich krank ist. »Wenn er fremdgeht, bringe ich ihn um«, äußerte Liz Taylor leidenschaftlich in Bezug auf ihren Ehemann Richard Burton. Eine Haltung, die bei vielen zu Depression und Krankheit führte, und sogar bis zum Selbstmord.

Was wir der Erde angetan haben, haben wir auch uns selbst angetan! Was wir Liebe nennen, eigentlich eine Quelle des Lebens, ist heute Ursache für Krieg, Macht, Krankheit und unendlich viel Leid geworden. Die meisten Menschen haben keinen Zugang zu klarer Wahrheit und Rückkopplung im Bereich von Liebe und Sexualität. Weil unser Hunger nach Liebe nicht gestillt werden konnte, schufen wir lauter Ersatzbefriedigungen, die den Planeten ausbeuten. So wie die falschen ökologischen Formen im Umgang mit Wasser zur Verwüstung des Planeten führen, so führen auch die falschen sozialen Formen in der Liebe zur Verwüstung in den Beziehungen. In ihrer Summe ins Unendliche vervielfacht, sind dies die wahren Hintergründe von Hunger und Elend auf unserem Globus. Die »Inweltkrise« und die Umweltkrise sind die zwei Seiten desselben Kernproblems. Beidem liegt derselbe Denkfehler zugrunde. Wir müssen uns dem Thema der Wahrheit in Liebe und Eros stellen, wenn wir die Heilung der Erde wollen.

Was ist zu tun im Bereich der zwischenmenschlichen Heilung? Gibt es neue soziale Strukturen, in denen dauerhafte Liebe und Treue eine Chance haben – und wir dem Starkstrom der Sexualität folgen dürfen? Können wir, wie beim Wasser, in der Liebe den einfachen Schluss ziehen: Es ist genügend Liebe für alle da, wenn wir ihr Wesen verstehen und richtig behandeln?

Es scheint sich ein kosmischer Wandel der Menschheit anzubahnen; wir werden uns daran gewöhnen müssen, dass auch unsere privatesten Gefühle von universeller Natur sind. Der Grundwandel, in dem wir uns alle befinden, ist der Wandel vom privaten Ich zum Welten-Ich. Ich bin immer auch die Welt. Das, was sich in meinen Liebesbeziehungen abspielt, spielt sich so oder so ähnlich in allen Liebesbeziehungen ab. Ob sie gelingen oder nicht, hängt nicht nur von der Schönheit oder Intelligenz meines Geliebten oder meiner Geliebten ab. Es hängt auch ab von der Frage, wie unsere Liebe eingebettet werden kann in den Gesamtorganismus der Gemeinschaft und wie viel Welt ich hineinlassen kann.

Jeder Mensch ist ein Spiegel der Welt. Das gilt auch in der Liebe, selbst wenn sich unsere persönlichen Prozesse sehr intim anfühlen. Das, was sich in unseren privaten Liebesbeziehungen abspielt, ist ein Spiegel dessen, was sich auf der Weltenbühne zuträgt. Beziehungen und Konflikte zwischen Staaten haben eine ähnliche Dynamik wie die zwischen Mann und Frau. Hinter jedem Krieg steht eine Geschichte einer verletzten Liebe. Unser persönlicher Schmerz in der Liebe kann dadurch Heilung finden, dass wir uns nicht mit unserer momentanen Rolle in diesem Geschehen identifizieren, sei es als Opfer oder Täter, sondern mit *dem Ganzen* verbunden bleiben. Welthunger ist kein Naturphänomen, sondern die Folge falscher ökologischer und politischer Orientierungen. Ebenso ist unstillbarer Hunger in der Liebe kein Naturphänomen, sondern die Folge falscher geistiger Orientierungen in der Liebe, auf persönlicher wie auch auf globaler Ebene. Hunger in der Liebe entsteht nicht, weil es zu wenig Liebe gibt, sondern weil der Mensch das Wesen der Liebe und die Quelle des Eros falsch behandelt hat.

Wir werden erkennen: Es war kein persönlicher Fehler, sondern ein grundlegend falsches System in der Liebe, das immer wieder zu den gleichen Schmerzen führte.

In der Ökologie haben wir gelernt: Verwüstete und verkarstete Landschaften lassen sich nicht durch Stauseen, Betonkanäle und Monokulturen heilen, sondern indem wir dem Regen wieder erlauben, in den Erdkörper einzusinken. So wird sich wieder natürlicher Humusboden bilden, und Biotope gedeihen in gesunder Vielfalt. Durch die Vielfalt erhalten die Systeme die erhoffte Stabilität. Der Mensch kann diesen Vorgang, den die Natur von selbst vollziehen würde, unterstützen und so beschleunigen.

Die Liebe funktioniert ähnlich. Sie braucht Gemeinschaften, die die Paare, Familien und Einzelpersonen einbetten und die ihrerseits eingebettet sind in das größere gesellschaftliche System. Sie braucht Menschen, die den Eros bejahen und achten, statt ihn zu unterdrücken. Und wenn wir still genug werden, können wir das Leben fühlen, das durch uns pulst und uns seine Antworten offenbaren möchte. Liebe hat ihre eigene Funktionslogik, die wir studieren können. Wie auch jedes Lebewesen wollen Liebe und Eros Freiheit, um sich ihrem Wesen gemäß bewegen zu dürfen.

Wenn wir das erkannt haben, werden wir konsequent nach Lebensformen suchen, in denen Wahrheit in der Liebe entstehen kann statt Krieg, in denen Vertrauen keimt statt Verlustangst. Ja, in denen sogar Freude blüht, wenn sich der Geliebte einer anderen zuwendet. Statt der Gewohnheit von Eifersucht und Liebesdrama zu folgen, können wir erkennen: Dauer und Stabilität entstehen durch Vielfalt und Freiheit, auch in der Liebe.

So wie die zerstörte Landschaft durch Retentionslandschaften geheilt wird, so kann der zerstörte Zustand in der Liebe zurückverwandelt werden in lebendige Liebe, die wieder von quellfrischen Liebesfreuden durchzogen wird. Ebenso wenig wie wir das Wasser in Folienbecken sperren und seinen Lauf in Kanälen begradigen sollten, müssen wir unsere Liebesbeziehungen in den viel zu kleinen Käfig der Ehe sperren. Denn wir müssen keine Angst mehr haben, die Liebe wieder zu verlieren. Die Liebe möchte sich frei bewegen wie das Wasser. Sie möchte mäandrieren, sich bewegen, sie möchte aber auch in zuverlässigen Beziehungen tief gründen, so wie das Wasser tief in den Erdboden einsinken will. Die Liebe braucht das Bett der Gemeinschaft, so wie das Wasser die natürlichen Retentionslandschaften wünscht. Für die Liebe wie für das Wasser gilt das gleiche Naturgesetz: Sie reinigt sich von selbst und bleibt immer frisch, wenn sie sich ihrem Wesen gemäß bewegen darf.

Wir werden feststellen: Unsere persönlichen Liebesbeziehungen werden dadurch reich, dass wir auch andere lieben dürfen. Sie werden dadurch verschönert, dass ich mein Glück mit anderen teilen darf. Die Liebe zwischen zwei Menschen wird nicht weniger dadurch, dass wir uns anderen zuwenden, sondern sie wird sich vermehren. Und unsere Freundschaften werden dadurch Dauer bekommen, dass wir die Welt hineinlassen.

Nicht das Wasser an sich ist gewalttätig, sondern falsche ökologische Systeme führen zu verheerenden Zerstörungen. Ich möchte auch diesen Gedanken auf die Liebe übertragen: Stellen wir uns eine Frau vor, die seit Jahren nach Liebe und Eros hungert. Sie lebt in einer Ehe, in der das Wesen des Eros versiegt ist, weil er falsch behandelt wurde, und so findet sie schon lange nicht mehr den ersehnten Kontakt zu ihrem Mann. So wie die Pflanzen in der Wüste nach Wasser dürsten, sehnt sie sich nach erotischen Begegnungen. Sie hat schon fast keine Hoffnung mehr und sieht den Grund für ihr unerfülltes Verlangen ausschließlich in persönlichen Mängeln. Wie vielen Millionen Frauen weltweit geht es so! Plötzlich findet sie sich in einer Situation, in der sexhungrige Männer nach Eros verlangen.

Etwas angetrunken vielleicht werden alle moralischen Verbote und Treueschwüre vergessen. Die Frau öffnet sich für den ersehnten starken Liebhaber, der sie sichtlich begehrt. Was jetzt geschieht, ist vergleichbar mit dem großen Regen, der in einem Trockengebiet fällt, in dem die Humusschicht zerstört wurde. Das große erotische Verlangen, dass in ihrem alten Leben nicht erfüllt werden konnte, durchbricht den Staudamm moralischer Treuevorstellungen. Die Vertrauensschicht – vergleichbar mit dem Humus – ist bereits verloren gegangen, das Fundament der Ehe zerstört, ursprüngliche Liebe wurde durch Misstrauen und Angst unterhöhlt. Hier findet der Eros keine Einbettung. So wie der heftige Regen nicht in den überhitzten und hart gewordenen Körper der Erde eindringen kann, hat das überstarke Verlangen des Mannes und seine kontaktlos gewordene Sexualität den Leib der Frau überschwemmt. Es lässt eine verletzte Frau zurück und reißt die letzten Reste von Vertrauen mit sich.

So weit mein Versuch, die heilenden Gedanken zum Wasser auf den Eros zu übertragen. Wir wissen, was jetzt in diesem Moment in Kneipen oder in Krisengebieten dieser Erde geschieht. Wir wissen, wie Frauen misshandelt werden. Wir kennen die Orte, wo Menschen sich betrinken, um die inneren moralischen Verbote zu vergessen und den Staudamm wenigstens ein bisschen zu öffnen. Wir wissen, zu welcher Gewalt und Verletzung zwischen Männern und Frauen es kommt, sobald das System der Normalität ein bisschen durchbrochen wird.

Doch es hat wenig Sinn, die Schuld bei den bösen Männern zu suchen. Auch der Regen, der alles mit sich gerissen hat, ist nicht böse. Wir haben mit dem Eros dasselbe gemacht wie mit den Flüssen. Es ist ein falsches Gesamtsystem, das zur psychischen Verelendung und Vereinsamung geführt hat. Wir können an uns selbst beobachten, wie das Herz sich verschließen will, wenn wir enttäuscht werden in der Liebe und wir einen Schuldigen suchen. Und wir alle können uns daran erinnern, wie eine junge Liebe daran zerbrochen ist, dass es keine sozialen Gefäße gab, in die wir diese Liebe voller Vertrauen hätten einbetten können.

Nur weil wir die gemeinschaftlichen Räume des Vertrauens in der Liebe nicht mehr kennen, bauen wir unsere Schutz- und Trutzburgen auf. Und wenn die Liebe darin vertrocknet und Seelenwüsten um uns herum entstehen, dann halten wir es für persönliches Versagen.

Gemeinschaft mit allen Wesen

Es geht in der Liebe nicht nur um Gemeinschaft unter Menschen. Unsere Mitbewohner und Mitbewohnerinnen in der Schöpfung, Tiere, Pflanzen, Elementarwesen, spüren, dass hier ein nachhaltiger Heilungsprozess eingeleitet werden will, der uns allen zugutekommt. Wenn wir an die wunden Stellen kommen, wo wir verzagen möchten, dürfen wir uns einordnen in den globalen Vorgang und wissen: Die Helferkräfte sind da.

Wir sind in einem alchemistischen Vorgang der Transformation, der nur heilend wirken kann, wenn wir die Tore aufmachen. Und dann merken wir: Das, was mit der Erde im Moment geschieht, und das, was mit uns geschieht, ist *eins*, in einem viel größeren Maße, als wir glauben wollten. Ich danke allen Liebhabern und Liebhaberinnen, die den Mut haben, das kreative Potenzial in der Liebe wieder wach zu küssen.

Liebe ist ein Politikum. Michail Gorbatschow hat einmal gesagt: *»Wir dürfen es nicht mehr zulassen, dass jemand in unserem Nachbarzimmer randaliert.«* Er sagte dies für die politische Bühne, aber es gilt auch für unser menschliches Nahfeld. Menschheitlich haben wir an neuen sozialen Strukturen zu arbeiten, am Humus des Vertrauens. Niemand wird sein Herz vor uns verschließen, wenn wir es nicht verschließen. Die Liebe kann nicht verloren gehen, wenn wir bei der Liebe bleiben. Dieser Kern ist unverletzbar. Die Liebe bahnt sich ihre eigenen Wege, wenn wir ihr treu bleiben. Das führt mal zu mehr Nähe, mal zu mehr Distanz, mal ins Alleinsein, aber niemals in die Verlassenheit.

Alle verzweifelten Versuche, uns mit etwas anderem zu identifizieren als mit der göttlichen Quelle in uns selbst, kamen nur daher, dass wir Gott in unserem Innern vergessen hatten. Früher oder später werden wir aber dahin zurückkehren müssen. Denn nichts anderes hat Bestand in uns. Als spirituell Suchende, als spirituelle Meister und Meisterinnen und als globale Friedensarbeiter und Friedensarbeiterinnen werden wir diesem Aufbruch treu bleiben. Unabhängig von der Frage, wie unser persönliches Leben gerade aussieht, unabhängig davon, ob wir allein leben oder in Gemeinschaft, zölibatär, verheiratet, monogam oder polygam: Wir brauchen Antworten im Liebesbereich, die stärker sind als unsere Angst, Antworten, die die Lust und die Neugierde in uns und anderen wecken statt die Angst, an den heißen Punkten in der Liebe noch einmal verletzt zu werden.

Freier Eros und Partnerschaft schließen sich nicht aus, im Gegenteil, sie ergänzen einander. Wahrheit in der Liebe ist die Basis für jede wahre Liebesbeziehung. Die Frage, ob wir monogam leben wollen oder lieber polygam, heterosexuell oder homosexuell, entscheidet sich auf dem Grund unserer inneren Wahrheit. Es ist kein Widerspruch, sich nach einem Partner zu sehnen und gleichzeitig nach erotischen Abenteuern. Es ist kein Betrug. Zum Betrug wird es nur, wenn wir es vor unseren Partnern und Partnerinnen verschweigen müssen!

Es gibt eine Treue, in der die Zuwendung eines Liebespartners zu einem anderen keine Verlustangst mehr auslöst, sondern Freude und Zuwachs an Eros und Vertrauen. Mit dieser Erfahrung werden wir eines Tages aufwachen und sagen: Unser Abenteuer ist nicht mehr der Krieg, sondern die Liebe. Der Eros ist unsere heilige Quelle des Lebens und der Liebe geworden. Unsere Sexualität hat ihren Anker wieder in der universellen Ordnung des Lebens und ist uns heilig, so heilig wie das Leben selbst. Daraus wird eine neue erotische Kultur hervorgehen, in der Krieg undenkbar wird. Wir sehen die Möglichkeit, den Krieg in der Liebe zu beenden und damit vollkommen neue Formen des Zusammenlebens und der neuen sozialen Strukturen einzuleiten. Die Liebe ist eine zentrale Keimkraft für die Entstehung einer neuen Friedenskultur, die nicht auf Verzicht basiert, sondern die Fülle des Lebens bejaht.

Hier liegt ein verborgener, aber doch deutlich sichtbarer Ausweg aus der Sackgasse unserer Zeit, hin zu einer partnerschaftlichen Kultur, in der keine Mutter mehr ihre Söhne in den Krieg schicken muss, in der kein Vater mehr sein Leben hingeben muss, um sein Land zu verteidigen. Es wird keine Kriegs- und Verteidigungsministerien mehr geben. Die Militärbasen verwandeln sich in Friedensuniversitäten, in denen der Schutz für diesen Planeten geübt und gelernt werden kann. Liebe und Sexualität sind Basisfächer für jeden erwachenden Menschen, der ein verantwortliches Mitglied werden möchte in dieser Kultur. Es entstehen Liebhaber und Liebhaberinnen, Gärtner und Gärtnerinnen einer neuen Erde – *Terra Nova* –, in der Eros und Dauer in der Liebe wieder eine Chance bekommen. Für die Zukunft unserer Kinder.

An das Ende dieses Unterkapitels stelle ich einen Krafttext, der mir immer wieder die Wichtigkeit unserer Arbeit mit uns selbst verdeutlicht:

»Und nun beginnt der Weg zurück zu unserer inneren Quelle. Du lehnst dich zurück und erkennst fast heiter: Alles, was da so tobsüchtig kämpfte in dir, das bist du nicht!

Das ist der kollektive Schmerzkörper unserer Geschichte – der Geschichte von Frauen und Männern oder deiner Nation oder deiner Familie oder verschiedener Inkarnationen –, der uns erfasste und der nun in uns tobt. In uns Menschen führt dies oft zu einer fast süchtigen Art der Täterschaft, in der wir uns selbst als Opfer sehen. Unser höheres Bewusstsein aber ging unversehrt aus dieser Geschichte hervor. Es

*identifiziert sich nicht mit dieser Tortur. Geduldig wartet es darauf,
dass wir zu ihm zurückkehren. Wir wissen jetzt: Dies war nicht der
Weg. Dies ist der Weg, den wir verlassen werden. (...) Unser Weg aus
der Sackgasse wird zu einem Weg des Erkennens. Wir treten in die
Zeugenschaft der Vorgänge in uns selbst. Das ist nicht unbedingt immer nur angenehm. Denn es kommen unbehagliche Dinge zutage.
Jetzt haben wir es gelernt, auch da, wo es etwas unangenehmer wird,
gelassen zu bleiben.*«[21]

Möglicher Übergang in eine neue Zukunft

Im Folgenden möchte ich eine Zukunftsschau wiedergeben,
die ich im Jahr 2009 empfangen habe. Ich vertiefte mich medial
in eine Trance, befasst mit der Frage, wie sich der Übergang
in eine neue Kultur vollziehen könnte. Während ich mich in
eine halbschlafähnliche Verfassung begab und meine Einga-
ben auf Band sprach, hörte ich in der Nähe ein blökendes Schaf.
Es führte mich in eine Wahrnehmung tief in die Gegenwart
hinein. Die Gegenwart schien umflutet von einem Glanz der
Ewigkeit.

Es gibt eine Zukunft, die immer vor der Gegenwart davon-
läuft und deswegen immer in das gleiche Elend führt. Oder es
gibt eine Zukunft, die sich aus der bewussten Bejahung der
Gegenwart ergibt. Dieses ist die Zukunft der Heilung. Das
Blöken des Schafes erschien mir wie ein kodierter Ruf dieses
Wissens. Ich möchte mitteilen, welche Gedanken dieser Ruf
in mir ausgelöst hat:

*»Bei allem, was ihr tut, bezieht die Erde ein. Entdeckt den Kontakt
zur Natur wieder. Versteht, wie sehr die Natur verdichtetes, lebendiges Bewusstsein ist. Hört auf, sie als leblose Materie zu betrachten.
Das ist wie Muttermord, aus dem heraus sich die ganze Misere des*

---

21 Sabine Lichtenfels: *Grace – Pilgerschaft für eine Zukunft ohne Krieg*, S. 150

Patriarchats ereignet hat. Berücksichtigt dies gleich in den Anfängen und bei allem, was ihr tut. Baut Naturkathedralen auf, die euch immer daran erinnern.

Wirklichkeit wird durch Feldbildung geschaffen. Sie schafft sich durch eure Denkgewohnheiten. Wenn ihr eure Denkgewohnheiten gegenüber der Erde heilt, heilt ihr alles. Schafft neue Visionen, die aus dem Kontakt geboren werden statt aus der Angst. Dadurch wird im Zellsystem automatisch eine urgeschichtliche Erinnerung geweckt. Sie hilft euch bei der neuen Verankerung und Verwirklichung eurer Träume. Hier wirken wichtige Feldbildungskräfte.«

Das Ganze will etwas von uns. Das Ganze meldet sich durch uns hindurch. Wir sind gerufen, soziale Strukturen so zu entwickeln, dass das Leben Einzug halten kann; Lebensformen zu finden, in denen wir immer mehr Freiheit gewinnen werden. Die Menschen lernen, sich immer mehr zu verbinden mit den Gesetzen der göttlichen Welt. Da steht kein äußeres Muss mehr dahinter, sondern eine innere Entscheidung. All die Debatten, ob wir glauben oder nicht glauben, ob erst der Glaube kommt oder erst die Erkenntnis, haben sich erübrigt durch die innere Entscheidung und das innere Wissen, dass es getan werden muss.

Das entscheidende Ereignis, das auch jetzt in der Lage ist, eine neue Zukunft einzuleiten, ist die *Rückkehr zur Gottesgewissheit*. Die leuchtende Qualität, die wir gewohnheitsgemäß ins Jenseits projiziert hatten, ist in Wahrheit bereits jetzt im Leib als latente Möglichkeit zu Hause. Es ist eine absolute Seinsgewissheit und Seinsfreude, die plötzlich erwacht und uns motiviert zu erneuerndem Handeln. Dadurch beschleunigt sich alles in seiner Verwirklichung. Manifestation und Gedankenkraft sind nah zueinandergerückt. Es muss niemand mehr hinab in so viel psychisches Elend, denn wir haben eine neue Identifizierung gefunden. Wir wissen um das höhere Selbst. Wir kennen und erkennen das kommunitäre – das gemeinschaftliche – Ich wieder. Es ist der richtige Umgang mit Bewusstheit, der alles lenkt.

Indem Gottesgewissheit eintritt, verankern wir uns neu im Jetzt. Es setzt eine andere Ruhe ein. Wer zurückkehrt zum Geist der umfassenden universellen Liebe, für den ordnen sich die Dinge neu. Diese Umwandlung geschieht augenblicklich und verwandelt unser Umfeld. Wir müssen niemandem mehr etwas beweisen, nicht mehr um Liebe buhlen. Es endet der Zwang, jetzt aus eigener Kraft etwas tun zu müssen. Das tief in uns wiedergefundene Vertrauen verwandelt alles, und durch dieses Vertrauen beschleunigen sich die Dinge in ihrer Entwicklung. Es führt uns auch in eine neue Notwendigkeit. Wir wissen auf einmal, was zu tun ist. Gott und Mensch sind keine Gegensätze mehr. Dadurch vollzieht sich auf der Stelle eine andere Form des Ursache-Wirkungs-Systems.

Durch das wiedergefundene Vertrauen können die Selbstheilungskräfte in alles hinein, in den Leib, in das Denken, ins Handeln und Sprechen. Deswegen ist das Vertrauen ein tiefer Schlüssel für alle wahre Erneuerung. Es ist die tiefste Rückkehr, die zu vollziehen ist.

Das neue Zeitalter ist jetzt dabei, sich in diesem Sinn neu zu verankern. Ein Bewusstseinswandel findet statt. Und obwohl es sich im Äußeren noch einmal apokalyptisch zuspitzt, sind jetzt weltweit die ersten Menschen sichtbar, die sich nicht mehr erschüttern lassen, sodass die transformatorische Kraft in ihnen ihren Anker finden und durch sie wirken kann. Auf diese Weise können sich der globale Bewusstseinswandel und seine Heilkraft immer schneller verankern und entfalten. Ob es gelingt oder nicht, scheint im Wesentlichen an uns und unserer Bereitschaft zur Selbstveränderung zu liegen. Ist die Einsicht in die Notwendigkeit des inneren Wandels einmal vollzogen, geht es immer schneller. Diese Transformationsprozesse laufen gerade in vielen Menschen weltweit ab. Eine große Freude bricht an. Es ist für viele fast unfassbar, zu erkennen, wie leicht es geht, wenn wir bereit sind zur inneren Umkehr. Und dafür haben sie sich so lange abgerackert und abgequält? In vielen menschlichen Gruppen kommt neben allem Schmerz eine große Freude auf, wie sie zum Beispiel in dem außergewöhnlichen Dokumentarfilm »Die lustige Welt der Tiere« dargestellt wird. Da können sie es zunächst gar nicht fassen, dass plötzlich der Regen kommt. Dann fangen sie an zu jubilieren. Auf einmal geht es leicht.

Der Samen ist gelegt. Jetzt braucht er die richtige Umgebung, um keimen und wachsen zu können: neue soziale Strukturen, Gemeinschaften, in denen Vertrauen gedeiht.

Welche Ereignisse werden dorthin führen?

Durch die apokalyptischen Vorgänge in unserer Zeit bilden sich überall auf der Welt neue Gemeinschaften. Hier helfen sich Menschen gegenseitig auf eine Weise, wie sie es lange nicht mehr getan haben. Wenn man jetzt in die Gebiete geht, wo vor fast zehn Jahren der große Tsunami gewütet hat, wird man sich wundern, was da an Heilkräften im Gang war. Es hat Menschen zusammengeführt und zur Nächstenliebe gebracht – ebenso wie in den USA nach dem 11. September. Wir werden Mensch unter Menschen. Dieser Prozess läuft weltweit. Man hat Einsicht gewonnen, dass die große Apokalypse nicht nur draußen stattfindet, dass wir sie nicht verhindern können, indem wir uns gegen die Außenwelt abschotten, sondern dass sie sich in uns selbst vollzieht und auch vor unserer Haustür nicht haltmacht. Ob wir sie als Untergang oder Offenbarung erfahren, dafür müssen wir den Schalter im Bewusstsein finden.

Ein anderer globaler Vorgang ist die Meditation. Menschen fangen ernsthaft an, sich mit den Licht- und Transformationskräften zu befassen und die höheren Bewusstseinsebenen »downzuloaden«. Das sind Vorgänge, die die Gesamtheilung unterstützen. Gegenkräfte werden noch vehement versuchen, den Vorgang zu trüben und die Friedensarbeiter und Friedensarbeiterinnen in Verzweiflung zu treiben. Sie versuchen es über die Medien durch Verleumdungen und Attacken, aber auch durch Wege, die heute noch unglaublich klingen – von Negativschwingungen bis hin zu gesundheitsschädlichen Substanzen. Das führt dazu, dass wir immer mehr die Selbstheilungskräfte an uns selbst studieren müssen. Die äußeren Umstände zwingen uns dazu, zusammenzurücken und uns ganz auf die Seite der heiligen Matrix zu stellen. Wir werden erkennen, wie tief die Gedanken der Trennung letztlich alles blockieren, wie tief unbewusstes Mangeldenken und der Glaube an Schuld und Strafe uns daran gehindert haben, in die wirkliche Lebensfülle einzutreten. Wir werden erkennen, wie tief sich die Angst- und Schreckenserwartungen als Gedankenmuster in unser Zellsystem eingeprägt haben, um von dort aus die immer gleichen Filme zu produzieren. Wir haben die Projektionen, die ihren Ursprung in unbewussten Vorgängen in unserem Inneren hatten, zur äußeren Realität erklärt. Es ist ein tiefer Vorgang der Selbsterkenntnis, der uns befähigen wird, diese unbewussten Denkmuster zu durchschauen und endgültig ablegen zu können.

Letztlich wird keine andere Wahl mehr bleiben. Der Außendruck wird gewaltig steigen, um unsere innere Bewusstheit und verändernde Kraft zu wecken. Das beschleunigt unsere Transformationskraft fast unmerklich. Die äußeren Umstände zwingen uns dazu, makellos zu werden. Sie zwingen uns dazu, in uns den Punkt zu entdecken und zu entwickeln, wo wir tatsächlich die Macht des Friedens in uns entdecken. Wir werden die Wirklichkeit von dem erleben, was viele Weisheitslehrer Jahrhunderte vor uns schon erkannten und was Laotse im 50. Kapitel des Tao Te King mit den Worten beschrieben hat:

»Wer das Leben recht zu fassen versteht, wandert durchs Land, ohne vor Tiger und Nashorn zu fliehen, der kann durch Feindesheer ohne Panzer und Waffen ziehen; denn das Nashorn hat nicht, wo es sein

Horn einbohre, der Tiger hat nicht, wo er seine Tatze einschlage, und das Schwert hat nicht, wo seine Schneide eindringe.«

Wir lernen, durch wildeste Turbulenzen zu gehen und doch den inneren Kompass fest in der Hand zu behalten und mit großer Gewissheit bei der Schau zu bleiben. Wenn wir in der Lage sind, eine Welt zu sehen, in der tatsächlich kein Krieg mehr stattfinden kann, weil wir eine Welt der Fülle und Harmonie kennen, und wenn wir in der Lage sind, jetzt ein Leben zu führen, in dem wir ganz an uns selbst begreifen, wie wir den Krieg beenden können, dann wird sich diese Realität bewahrheiten. »Ich erlöse die Welt, indem ich *mich* selbst erlöse«, dies ist die Forschungsaufgabe, und je tiefer wir sie annehmen und verstehen, desto umfassender wird das Thema. Es wird immer klarer werden, wie tief das Ich und die Welt untrennbar miteinander verbunden sind. In jedem Ich spiegelt sich das gesamte Universum wider. Nur auf dieser Ebene ist die Aufgabe lösbar. Wir werden Gemeinschaften aufbauen, in die die Willenskraft des Universums einströmen kann. Die Willenskräfte des Universums und unser Wille sind keine Gegensätze. Menschen finden weltweit ihre Berufung und ergreifen Friedensberufe zur Heilung des Planeten. Sie wissen, dass es ihre Aufgabe ist, zum Beispiel mit dem Wasser zu kooperieren oder mit dem Sonnenlicht, mit dem Land oder anderen Kräften des Universums. Die Entscheidungen werden verbindlich, wir verwechseln Freiheit nicht länger mit Beliebigkeit.

Ein wesentlicher Sprung in der Entwicklung hin zu einer neuen Kultur geschieht auf der Ebene, auf der Denkkraft sich mit der Funktionslogik der Liebe vereint. Hier entdecken wir: Liebe ist mehr als ein Gefühl. Wir erkennen eine ganz neue Dimension in der Liebe, die nicht mehr in Hass umschlagen kann, weil sie eine reine, allumfassende Bewusstseinskraft geworden ist. Hiermit nähern wir uns den Zuständen der erleuchtenden Kraft. Es folgt das Wiederfinden einer tiefen Daseinsfreude, die alles durchdringt. Die Zukunft beginnt jetzt. Die Qualitäten eines neuen Denkens vereinen Mystik mit Wissenschaft, Religion und Eros; eine neue Kunst wird die Archetypen und Schöpfungen der neuen Kultur hervorbringen. Es ist die Geburtsstunde des neuen Menschen, die sich auf diesen Ebenen vollzieht.

Pilgern – für eine Zukunft ohne Krieg

Vielleicht werden in Ihnen beim Lesen die Fragen aufkommen: Sollen denn jetzt alle Menschen in Gemeinschaften leben? Wir leben in Städten und haben Berufe, wir leben in einer vollkommen anderen Realität – was ist unsere Aufgabe im Prozess der Transformation?

Der Prozess der Selbstveränderung erfasst nicht nur die Menschen in bestimmten Gemeinschaften. Die ganze Welt sucht nach Gemeinschaft, denn Gemeinschaft ist ein universeller Vorgang, unabhängig von der Frage, wo und wie wir persönlich leben. Und die ganze Welt sucht nach der Gemeinschaft einer Menschheit, die in der Lage ist, sich als Einheit zu erkennen, in der sich alle Organe gegenseitig unterstützen.

Eine der tiefsten und grundlegenden Erfahrungen für mich war eine Pilgerschaft nach Israel/Palästina im Jahr 2005. Ich war etwa ein halbes Jahr unterwegs, ganz ohne Geld. Ich pilgerte für die Humanisierung des Geldes, das heißt, ich ging zu Fuß und ohne Geld, schlief, wo ich aufgenommen wurde oder draußen in der Natur, aß, was mir geschenkt wurde, und ging überallhin, wo ich eingeladen wurde. Wenn mir jemand Geld schenkte, leitete ich es weiter für den Aufbau der Friedensuniversität in Tamera.[22]

---

22 Meine Erfahrungen auf dieser Reise habe ich in dem Buch *Grace – Pilgerschaft für eine Zukunft ohne Krieg* beschrieben.

Der Weg war begleitet von der Grunderfahrung des Vertrauens. Er war begleitet von der Erfahrung, dass ich tatsächlich Vergangenes hinter mir lassen kann und ich auf dem Weg des Vertrauens all das erhalten werde, was ich brauche. Mein tiefster innerer Aufschrei, mein Entschluss, dies zu tun, war damals der drohende Krieg im Iran. Ich war so erschüttert darüber, dass jetzt ein nächster Krieg geplant wurde, dass sich alle meine bewusst gewählte Naivität und meine ganze Willenskraft zusammenballten zu einem großen Entschluss: Nein, da mache ich nicht mehr mit. Ich mag nicht mehr normal essen, leben, schlafen, denken. Ich möchte die Drehung finden, die mir zeigt, wodurch sich der Krieg beenden lässt. Und ich möchte ein Zeichen setzen in der Welt, das andere ermutigt, dasselbe zu tun: aussteigen aus dem System der Gewalt. Wenn der Gedanke der morphogenetischen Feldbildung stimmt, dann muss es doch möglich sein, jetzt etwas zu verändern. Es muss möglich sein, auf eine Weise zu leben, dass die Art, wie ich gehe, wie ich denke, wie ich mich bewege, eine Wendung im Ganzen nach sich zieht.

Ich sprach wenig darüber. Ich war immer bei der Frage, was jetzt die Kristallisation ist, die die Veränderung bewirkt. Und ich dachte immer wieder daran, dass es so viele Menschen gibt, die diesen Krieg nicht wollen, und es nicht wahr sein kann und darf, dass wir alle an unsere Ohnmacht glauben. Gemeinschaft entstand für mich in jedem Moment, an jedem Ort, wo immer ich mich befand. Ich danke für diese Kernerfahrung. Sie ist für mich eine ständige Erinnerung und Mahnung, dass vor allem eine innere Entscheidung nötig ist, um neue Erfahrungen herbeizurufen.

Die Kraft der Veränderung

Wie anders wird unser Leben aussehen, wenn wir an unsere innere Macht und Vollmacht wieder glauben können! Und wenn wir wieder zurückkehren zu Kontakt und Demut, sodass wir niemals auf den Gedanken kommen, unsere Macht zu missbrauchen. Der Ausspruch Gandhis »Sei die Veränderung, die du in der Welt sehen möchtest« soll unser verbindlicher Maßstab werden. Bei den Grace-Pilgerschaften, die ich 2005 und 2007 in größeren Gruppen in Israel und Palästina geleitet habe (und später auch in Kolumbien und Portugal), machten wir die Erfahrung, wie stark Gemeinschaft sein und dass sie sogar Wunder bewirken kann. Unsere Gruppe setzte sich aus Menschen verschiedener Nationalitäten zusammen, auch Israelis und Palästinenser waren dabei.

Annette Kaiser begleitete uns mit einer Gruppe für eine Woche auf einer dieser Pilgerschaften. Ich lernte sie durch eine solche gemeinsame Erfahrung noch einmal tiefer kennen und schätzen. Solidarität wächst auch dort, wo wir gemeinsam durch innere und äußere Krisen gehen. Wir lebten wie die Nomaden, legten unser Haupt dort nieder, wo wir Herberge fanden und schliefen zum Beispiel in Rathäusern und Schulen oder draußen in der Wüste. Viele gesellschaftliche und weltanschauliche Trennungen hoben sich in dieser Zeit für uns auf. Wir waren bereit, jeden zu treffen und uns tiefer einzulassen auf jeden, der uns auf diesem Weg begegnete. Wir trafen Flüchtlinge und Offiziere, Soldaten und Kriegsdienstverweigerer, Siedler und ihre palästinensischen Nachbarn, Mitglieder verschiedener Gemeinschaften, Opfer von Attentaten und Vertreibung. Wir trafen Menschen, die in großer Armut und Unterdrückung leben, stellten uns ihrem Zorn und ihrer Verwundung und konfrontierten uns mit vielen Schicksalen. Ich glaube, es gibt niemanden, der unverändert aus diesen Pilgerschaften hervorging.

Wir machten es möglich, dass viele Israelis mit uns gemeinsam durch das Westjordanland gehen konnten. Es waren Grenzgänge; fast jeder hatte uns vorher gesagt, dass dies unmöglich sei, aber wir ließen uns von einer inneren Gewissheit leiten. So erlebten wir das menschliche Wunder eines Friedenstreffens im Westjordanland. Israelis und Palästinenser trafen sich für mehrere Tage. Es war ein Zusammenkommen ohne gegenseitigen Vorwurf und frei von Anklage. Was uns verband, war die gemeinsame Frage: Was kommt nach dem Zusammenbruch? Die starke Solidarität aller Beteiligten war, in dieser Tiefe erfahren, neu für mich.

Für viele geht es heute längst nicht mehr um Konflikt und um Fragen wie: Was hast du falsch gemacht oder wer ist schuld? Auf einmal wird man in die höhere gemeinsame Schau gehoben, die trägt, die verbindet, die Liebe freisetzt. Diese Erfahrung gehört für mich zu den großen Ereignissen, die die Kraft der Hoffnung wachsen lassen. Menschheitlich wollen wir ein Beispiel setzen, wie man auf der höheren Ebene einer umfassenden Liebe landet.

Zum Abschluss: Heilend wirken auf das Ganze

Dieser Aufsatz möchte Hoffnung wecken für die Heilung der Erde. Er soll vor allem jungen Menschen Mut machen. Sie sollen wissen: Wenn wir an einigen Stellen der Erde die volle, umfassende Heilungsinformation entwickeln, dann wird allein diese Tatsache auf den ganzen Organismus heilend wirken. Wenn man das Heile an einigen Orten wiedererweckt, wirkt es heilend auf das Ganze.

Schon dem I-Ging, einem der ältesten Weisheitsbücher, liegt der Gedanke zugrunde: Mikrokosmos und Makrokosmos sind eins. In jedem Detail möchte die Vollkommenheit des Ganzen erkannt und ins Bewusstsein geführt werden. Die lebendige Erde bildet ein Holon. Allein die Worte »lebendige Erde« lassen mein Herz höherschlagen. Die Erde lebt! Sie ist nicht leblose Materie, die wir beherrschen, foltern, ausbeuten können. Und ich bin ein lebendiges Holon im lebendigen Holon Erde! Jetzt ahnen wir die Möglichkeit zur Ko-Kreation, die uns als Menschheit nahegelegt wird. Wir alle sind aufgefordert, uns selbst zu einem Modellfall zu machen. Wir sind aufgefordert, aus unserer Ohnmacht herauszutreten und ein Beispiel zu setzen für gelebte Selbstliebe und Nächstenliebe. Der Teil und das Ganze sind *eins*! Wie anders sieht unser Leben aus, wenn wir dies zu unserer Realität machen! Ich bin ein planetarisches Wesen. Das Lokale ist global.

Die Menschheit hat in den letzten Jahrhunderten die Erde auf eine Weise erniedrigt, dass sie sich wehren musste. Wenn der Mensch sich jetzt erinnert, dass das Wesen Erde und wir selbst vollkommene und lebendige Wesen sind, werden wir im Innern eine Drehung vollziehen, die ganzheitlich zu einer neuen Sichtweise führen wird. Wir werden vollkommen anders mit dem Planeten umgehen, nicht nur ein bisschen anders. Die Erde wird uns entgegenkommen. Dies wird der menschheitliche Eintritt in eine vollkommen neue Dimension sein.

Mit Staunen nehmen wir die Tatsache des genetischen Codes zur Kenntnis: Es gibt etwas, das in allen Wesen dasselbe ist. Wenn das stimmt, ist es möglich, mit allen Wesen zu kommunizieren. Alles, was wir denken und tun, ist ein Teil dieser Basis-Kommunikation mit dem Leben. Durch wahrheitsgemäße Kommunikation entsteht Kohärenz mit allen Wesen. Kohärenz entsteht nicht durch Herrschaft und die Unterdrückung anderer, sondern durch vertiefte Selbsterkenntnis. Ebenso ist gelebte Nächstenliebe keine Frage von Missionseifer, sondern die Frage einer innerlich nachvollzogenen kosmischen Wandlung. Diese Sätze, wenn wir sie wörtlich nehmen, verlangen eine vollkommen neue Lebenspraxis von uns. Indem wir uns harmonisch in das Ganze einschwingen, kann unsere Kraft potenziert werden. Durch Kooperation und das Zusammenspiel aller Kräfte rufen wir eine höhere Wirklichkeit ab als die des Krieges und der Gewalt. Es ist, als würden wir uns menschheitlich auf einen Dimensionswechsel vorbereiten. Wenn ich vor diesem Hintergrund mit offenen Augen in die Weltsituation schaue, habe ich eine neue geistige Ausrüstung der Kraft. Sie befähigt mich, mein Herz nicht vor dem Schmerz dieser Welt zu verschließen, sondern gibt mir den Mut und die Kraft, für die Heilung zu arbeiten.

Der Glaube an eine strafende Instanz hat einem strafenden Steuerorgan in uns selbst eine mächtige Realität eingeräumt. Manchmal aber werden wir von einer höher stehenden göttlichen Kraft berührt. Ich nenne sie die Kraft der universellen Liebe. Immer wieder erfahren wir in den überraschendsten Momenten das Geschenk einer einheitlichen Seinserfahrung. Wir erleben die Einheit allen Seins tief im Innern und stehen staunend vor diesem Wunder. Eine unendliche Liebe zu allem Seienden weitet unser Herz. Plötzlich stellen wir mit Staunen fest: Durch mich wirkt in jedem Moment das Ganze, und es wirkt in jedem Moment in allen seinen Teilen. Wir staunen vor der Erkenntnis, wie das Welten-Ganze sich in uns als Selbstbewusstsein, als Ich-Bewusstsein zeigt. Es atmet, es pulst, es bebt und lässt uns staunend feststellen: »Merke, dass du nichts bist ohne *Mich*!«

In dem Moment, in dem wir von dieser Erfahrung durchströmt werden, können wir in unserem Innern viel Schmerz fallen lassen, viele Trennungsgedanken lösen sich auf, eine Menge Verlustangst, Vergleich, Konkurrenz verschwindet aus unserer Realität. Wir sind nicht nur unser Ego. Wir erfahren uns selbst als Holon. Wir erfahren unsere Verbundenheit mit der Erde, mit der Milchstraße und allen Galaxien, und erfahren uns selbst als dieses unendliche Wunder der Vollkommenheit. Wir erfahren das Spiel der Dualität und der Vielfalt als Teil der einheitlichen Ganzheit und sind ganz neu darin aufgehoben. Mit dieser Erfahrung beginnt unsere Biografie mit Gott. Wir werden sie wieder vergessen, fallen wieder zurück auf unser kleines, eifriges Ego, das ringt, kämpft, verletzlich ist und recht haben will. Aber immer wieder kehren wir auch zurück zu diesem einen winzigen und allmächtigen Punkt in uns: das eine Feuer, das niemals erlischt und uns durch alle unseren kosmischen Klassenzimmer führt. Voller Staunen erkennen wir uns in diesem großen göttlichen »*Ich bin*«. Wir entdecken an uns selbst, dass das *Ich* nicht so sehr ein Objekt hinter den Dingen ist, sondern eine Qualität. Eine Bewusstseinsqualität, die in uns erwacht. Es »icht«. Bewusstsein tritt in Erscheinung. Wo Unbewusstes war, soll Bewusstsein erscheinen. Im Zentrum waltet die Einheit.

In den monotheistischen Religionen hat die Menschheit eine große Vaterfigur gewürdigt, einen männlichen Gott. Man hat ihm aber vor lauter Missionseifer die weibliche Seele, die Schechina, weggenommen. Wie einsam musste dieser Gott sich fühlen. Wie sehr wurde er ins Jenseits verdammt, statt in der Schönheit dieses wunderbaren Planeten seine Feier und Zelebration zu finden. Als Eros-Mystikerin fühle ich mich verbunden mit den Zeilen aus dem Gedicht »Mondnacht« von Joseph von Eichendorff: »*Es war, als hätt der Himmel die Erde still geküsst, dass sie im Blütenschimmer von ihm nun träumen müsst.*« Wir dürfen den Geschlechterkrieg beenden. Geborgen in der Einheit dürfen wir die Dualität und die daraus wachsende Vielfalt ehren, zelebrieren und ausdrücken.

Die ganze Schöpfung baut auf dem Prinzip der Partnerschaft auf. In der großen Einheit geborgen treten die Dinge doch in Gegensätzlichkeit in Erscheinung und entfachen den Tanz des Eros. Aus der All-Einheit entstehen die vielen Prinzipien und entfachen ihren Tanz der Vielfalt. Es liegt an uns, ob wir daraus einen Tanz des Krieges oder einen Tanz der Akzeptanz und kosmischen Ehrfurcht vor dem Leben machen. Er entfaltet sich weiblich und männlich, als Feuer und Wasser, Tag und Nacht. Als Frauen und Männer müssen wir lernen, uns die Hand zu reichen. Vor uns steht die Entwicklung einer weltweiten Bewegung. Friedenskräfte werden weltweit immer schneller lernen, wie man sich am besten vernetzt. Die vernetzte Intelligenz! Sie soll es immer mehr Menschen möglich machen, sich am Aufbau neuer Zukunftsvisionen zu beteiligen und neue Berufe zu entwickeln, mit denen sie ihr Tun in den Dienst an der Erde stellen.

Eine Bewegung für eine freie Erde wird weltweit ihre Stimme zur Überwindung der Gewalt erheben. Die Genossen und Genossinnen werden herausfinden, wie man sich gegen ein Machtsystem wehrt, das dem Untergang unzähliger Pflanzen, Tierarten und Menschen dient; denn sie haben wieder den Glauben, die Vision und den Weg gefunden für die Heilung der Erde. Religion und Weltanschauung sind keine trennenden Elemente mehr. Die Friedensbewegung wird den globalen Gedanken der Friedensmodelle und der Gemeinschaftsbildung immer mehr aufgreifen; sie wird die Notwendigkeit einer globalen Gemeinschaftsbewegung erkennen und mit allen Mitteln unterstützen.

Seid Priesterinnen und Priester der kosmischen Wandlung

von Pia Gyger

*Pia Gyger ist Psychologin, autorisierte Zen-Meisterin und
Mitglied des Katharina-Werks, das sie
erneuerte und zu einer ökumenischen Gemeinschaft
mit interreligiöser Ausrichtung umgestaltete.
Sie hat mehrere nationale und internationale Projekte
gegründet und geleitet, u.a. das Lassalle-Institut
in der Schweiz. Sie ist Autorin mehrerer Bücher.*

Mit dem Herzen hören

Ich war fünf Jahre alt, als meine Mutter einen kostbaren Samen in mein Herz legte. Kaum ein Morgen verging, ohne dass sie mir nicht vom Heiland erzählte. Ich hörte ihr gerne zu, konnte von den ergreifenden Heilungsgeschichten nicht genug bekommen. An einem Tag machte mir meine Mutter mit folgenden Worten ein ganz besonderes Geschenk: *»Der Heiland lebt in deinem Herzen. Du kannst ihn alles fragen. Er wird dir immer eine Antwort geben. Aber dazu musst du ganz still werden.«* So ging ich jedes Mal, wenn ich als Kind Sorgen hatte, unter meinen Aprikosenbaum und fragte den Heiland um Rat. Dann saß ich lange still und wartete. Meine Mutter hatte recht. Jedes Mal, wenn es ruhig in mir geworden war, hörte ich eine Antwort auf mein sorgenvolles Fragen.

Die zweite wichtige Initiation zum »Hören auf die Stimme des Herzens« erhielt ich viele Jahre später während meiner Lehranalyse im Psychologiestudium. Der Psychologe Martin Stern lehrte mich, sehr genau zwischen Impulsen zu unterscheiden, die entweder aus dem Ich-Bewusstsein, dem personalen oder kollektiven Unbewusstsein kommen. Einmal, als ich ihm von Botschaften erzählte, die einfach durch mich hindurchgingen, sagte er: *»Frau Gyger, setzen Sie sich auf und schauen Sie mich an. Diese Informationen kommen nicht aus dem personalen oder kollektiven Unbewussten. Das ist Inspiration! Diese kommen aus dem Überbewusstsein.«* Einmal mehr lehrte er mich eine wichtige Unterscheidung zu machen, nämlich die zwischen Intuition und

Inspiration, und ich bin ihm sehr dankbar dafür. Damals wusste ich noch nicht, wie sehr mein Leben zukünftig durch inspirierte Impulse geprägt sein würde. Sie meldeten sich meist unerwartet in ganz verschiedenen Lebenssituationen, wie zum Beispiel in den Ferien, während eines intensiven Seminars oder auch einmal im Krankenhaus, kurz nach einer Operation. Um es gleich vorwegzunehmen: Alle Projekte, die ich zusammen mit dem Jesuitenpater Niklaus Brantschen entwickelt habe, sind durch diese Gabe entstanden.

Gemeinsam unterwegs zu einem planetaren Bewusstsein

Eine wichtige Weisung auf unserem gemeinsamen Weg war der Satz: *»Du bist ihm gegeben zu seiner Inspiration und Weisung. Er ist dir gegeben zu deiner Stärkung und Formung.«* Niklaus Brantschen hat mich sowohl beim Annehmen der inneren Botschaften als auch bei deren Umsetzung in konkrete Projekte unterstützt. Es war mehr als Unterstützung – es war ein gemeinsames Tun. In diesem Prozess wurde seine visionäre Begabung, die vor allem in der gestalterischen Kraft zum Ausdruck kommt, von entscheidender Bedeutung für den Aufbau jedes unserer Projekte. So war und ist die einander zugeordnete Berufung Geschenk und Aufgabe zugleich.

Wegweisend für uns war auch der Mitbruder und Mentor von Niklaus Brantschen, Pater Hugo Enomiya-Lassalle. Er lebte und arbeitete in Hiroshima, als die Atombombe fiel. Pater Lassalle war dort zum zweiten Mal in einem Weltkrieg verwundet worden. Der Krieg und das unermessliche Leid, das die Menschen in seiner Wahlheimat zu ertragen hatten, stellten ihn vor die zentrale Frage: »Wohin geht der Mensch?« Bei der Beantwortung dieser Frage ließ er sich von dem Evolutionsforscher und Mystiker Teilhard de Chardin inspirieren. Teilhard de

Chardin, auch er ein Jesuit, war überzeugt, dass in der jetzigen Zeit der Globalisierung – er nannte sie die »Zeit der Planetisation« – eine große Veränderung im Menschen stattfinden wird. Um in den Herausforderungen dieser Zeit zu bestehen und mit diesen gut umzugehen, brauche der Mensch neue Sinne: einen Sinn für die Erde, einen Sinn für die Menschheit und einen Sinn für den Kosmos.

Im Lassalle-Institut, das Niklaus Brantschen und ich zusammen gegründet haben, werden Führungskräfte aus Wirtschaft und Politik geschult, sich für diese neuen Sinne zu öffnen, sie zu entfalten und ihre Arbeit entsprechend zu gestalten. In diesem Prozess erkennen sie sehr bald, dass dies nur möglich ist, wenn sie ihre mentale, emotionale und spirituelle Intelligenz gleichmäßig entfalten. Es braucht nicht weniger als ein gut geschultes logisch-rationales Denken, eine differenzierte Fähigkeit, mit sich und anderen Menschen in Beziehung sein zu können, und das Vermögen, in Verbundenheit mit der eigenen Mitte zu leben. In zahlreichen Gesprächen haben wir erfahren, dass es für viele Menschen am schwersten ist, den Sinn für die Menschheit zu verstehen. Das Faktum, dass wir *eine* Menschheit sind, ist noch nicht in unserem Alltagsbewusstsein angekommen. So ist auch das Wissen, dass wir Weltbürgerinnen und Weltbürger sind, keineswegs selbstverständlich.

Und doch ist gerade dieses Bewusstsein, dass wir alle zusammengehören, heute dringend notwendig. Wir spüren zwar, dass Erde und Menschheit an einem Wendepunkt sind, aber es mangelt noch an dem Bewusstsein für die Einheit. Trotz großer technologischer Fortschritte ist die Menschheit bedroht wie nie zuvor. In vielen Büchern wird vom kommenden Paradigmenwechsel gesprochen, der darin besteht, dass die anstehenden Probleme nicht mit denselben Problemlösungsstrategien und nicht im gleichen Bewusstsein, in dem die Schwierigkeiten entstanden sind, gelöst werden können. Was heute für uns ansteht, ist das Einholen der Globalisierung im eigenen Bewusstsein. Und ohne das Erwachen des Herzens ist dieser Wandel nicht möglich!

Robert Muller, der viele Jahre lang Vize-Generalsekretär der Vereinten Nationen war, beschreibt den jetzigen Zustand von Erde und Menschheit mit einer Metapher, und zwar lässt er Bewohner eines anderen Sterns das planetare Management auf der Erde benoten:

»Ihr seid doch wohl nicht bei Trost. So kann man doch keinen Planeten verwalten. Ihr bekommt die schlechteste Note für planetares Management im ganzen Universum. Seht doch nur, was ihr tut. Euch wurde einer der schönsten Planeten im Kosmos gegeben – ein seltenes himmlisches Zuhause mit dem richtigen Abstand zur Sonne, ausgestattet mit wunderbaren Formen des Lebens. Es ist ein lebendiger Planet, mit einer Atmosphäre, mit fruchtbarem Boden, Gewässern, Ozeanen. Er pulsiert in einem sensiblen Gleichgewicht, seine Elemente greifen alle wunderbar ineinander. Ein wahres Juwel im Universum. Und schaut, was ihr daraus gemacht habt.

Ihr habt den Planeten ohne Sinn und Zweck zerstückelt in mehr als 180 voneinander getrennte Territorien – ohne geografische, ökologische, humane und sonstige Logik. Alle diese Teilstücke sind souverän. Das heißt: Jedes von ihnen hält sich selber für wichtiger als den Planeten und den Rest der Menschheit.

Ihr habt diese Fragmente bis zu den Zähnen aufgerüstet, damit sie ihre sogenannte ›Integrität‹ verteidigen können. Oft stehlen sie ihren Nachbarn ein Stück Land.

Ihr erlaubt einigen Teilen aus diesem Puzzle, die Erde an ihrer Oberfläche und in ihrem Innern der Atomkraft auszusetzen: die Gewässer, die Meere, die Luft von morgen, den Himmel und die Sterne. Eine Kraft, die in der Lage ist, einen Großteil des Lebens auf dem Planeten zu zerstören.

Ihr lasst zu, dass egozentrische Diktatoren menschliches Leben mit Giftgas ersticken. Ihr setzt einen großen Teil eurer Intelligenz dafür ein, immer bessere Wege des Tötens zu erfinden – anstatt bessere Wege, wie Körper, Geist und Seele genährt werden können.

101

Ihr gebt gewaltige Summen an Geld aus für jedes dieser souverä-
nen Gebiete und fast nichts für die Bedürfnisse des ganzen Planeten,
für Fürsorge und Schutz. Ihr habt nicht einmal ein planetares Bud-
get. Welch eine Verwirrung!

Ihr lasst zu, dass viele eurer Wissenschaftler, eurer Industriellen,
eurer Wirtschaftsfachleute und viele von euren Militärs die grund-
legenden Ressourcen eures Planeten zerstören, sodass er in ein paar
Jahrzehnten unbewohnbar sein wird.

Ihr erzieht eure Kinder so, als wenn jedes dieser Territorien eine
autonome Insel in einem Ozean wäre – anstatt über ihren Planeten zu
erzählen, der ihr Zuhause ist – und über die Menschheit, die ihre
Familie ist.«[23]

Dieser Text von Robert Muller hat mich tief bewegt. Er sprach
mir aus dem Herzen. Die tiefe Liebe dieses Mannes für die Erde
und sein vorbehaltloses Engagement für die Menschheitsfamilie
nährte in mir die Frage: Wie entwickeln wir die neuen Sinne,
die jetzt notwendig sind, um fähig zu werden, die globalen Aufgaben zu bewältigen? Dieses Thema beschäftigte mich sozusagen Tag und Nacht; es war die zentrale Frage in vielen Gesprächen mit Freundinnen und Freunden. Sie sollte einmal mehr
fruchtbar werden durch den regelmäßigen Dialog mit Niklaus
Brantschen.

Wir entdeckten, dass bei der Entwicklung der drei neuen
Sinne und beim Suchen nach neuen Wegen zur Entfaltung des
global-kosmischen Bewusstseins die Weltreligionen eine wichtige Rolle spielten und spielen. Der interreligiöse Dialog wurde daher zu einem wichtigen Instrument auf unserem Weg,
Weltbewusstsein zu entwickeln. Wir luden über mehrere Jahre
hinweg zu internationalen-interreligiösen Tagungen nach Bad
Schönbrunn ein mit Themen wie »Der Beitrag von Buddhisten
und Christen zur Bewahrung der Schöpfung«, »Neue Partner-

---

23 Robert Muller: *First Lady of the World*, S. 90 f.

schaft von Mann und Frau«, »Aufbau einer Kultur der Kooperation und Solidarität«. In diesen Treffen ging es nicht darum, die großen Unterschiede in Welt- und Menschenbild, die zwischen den Religionen bestehen, zu nivellieren. Im Gegenteil! Es ging uns darum, das Ergänzungspotenzial in den Gegensätzen und Unterschieden sehen zu lernen. Vor diesem Hintergrund entwickelten wir einige Leitlinien für einen interreligiösen und interkulturellen Dialog, der zu einer friedlicheren Welt beitragen kann.

Die wesentlichen Elemente sind dabei, Gemeinsamkeiten zu finden, aber auch Unterschiede klar und prägnant herauszuarbeiten und in ihnen nach Ergänzungsmöglichkeiten zu suchen, um schlussendlich die Unterschiede zu feiern. Bei jeder interreligiösen Begegnung wurde diese Begegnungs- und Dialogkultur eingeübt. In den ersten Jahren war das Konfliktpotenzial noch recht hoch. Als wir jedoch begannen, die Unterschiede zu feiern, entstanden große Leichtigkeit und Freude im Miteinander. Die gegenseitige Wertschätzung fand eine neue Tiefe.

Die Erde ruft

Ich war bereits einige Jahre auf dem Weg, die neuen Sinne zu entfalten und den interreligiösen Dialog einzuüben, als ich mit einer besonderen Erfahrung beschenkt wurde. Wieder einmal meldete sich die Quelle der Inspiration. Ich war in Südfrankreich in den Ferien. In den Morgenstunden genoss ich es, auf dem Boden zu liegen, umhüllt vom Duft des Lavendels, Thymians und Salbeis. Kaum hatte ich die erste Müdigkeit überwunden, spürte ich wieder jenen mir so vertrauten Druck im Herzen, der mir immer sagt, dass ich schreiben muss – ohne genau zu wissen, was ich schreiben soll. So nahm ich auch dieses Mal Papier und Bleistift in die Hand, zunächst allerdings etwas widerwillig, da ich doch Ferien hatte. Als ich dann mit dem

Schreiben begann, nahm ich staunend und beglückt wahr, dass die Erde zu mir sprach. Sie schenkte mir folgenden Text:

Höre, Sohn der Erde –
höre, Tochter der Erde

»Höre meine Stimme, Sohn der Erde.
Höre mein Rufen, Tochter der Erde.
Aus meinem Leib bist du geboren.
Höre meine Stimme im Rauschen der Winde,
im Summen der Insekten,
im Gesang der Vögel, im säuselnden Geflüster der Bäume.
Höre meine Stimme im Tosen der Gewässer,
im Plätschern der Quellen,
in der Melodie der Wale, Delfine und Schwertfische.

Lauscht auf meine schweigende Stimme,
Söhne und Töchter der Erde.
Ich spreche zu euch durch die Majestät der Berge.
Ich spreche zu euch in der Lieblichkeit des Veilchens
und in der Schönheit der Rose.
Mein Leib hat euch geboren in der spielerischen,
sich selbst entäußernden und zu sich selbst
heimkehrenden Liebe der Gottheit.

Höre, Mensch, aus mir Erde bist du hervorgegangen in
der schöpferischen Kraft des Logos.
Ich, Erde, gebar dich, um durch dich erkannt zu werden.
Du bist mein Ohr, mein Auge, meine Hand, mein Herz.
Ich bin der Ort im Universum,
wo Himmel und Erde sich verbinden.
Ich bin auserwählt, die Lichtmaterie hervorzubringen.

Das Wort der Liebe, in dem alle Milchstraßen, Galaxien
und leeren Räume schwingen, in dem alle Ätherreiche atmen,
in dem alle Wohnungen der Lichtwesen existieren,
dieses Wort der Liebe ward durch mich, die Erde, Fleisch.
In Jesus bin ich getauft. In seinem, alle Feindschaft auflösenden
Blut bin ich getränkt. In seiner Liebe bin ich gesegnet.
In seinem Geist werde ich zum Herz des Universums.
Wisse, alle Feindschaft ist in seiner Taufe aufgelöst!

Höre, Sohn der Erde, höre, Tochter der Erde.
In dir, durch dich erfüllt sich meine Berufung:
Auferstehungsmaterie zu sein.
So nimm du an deine Berufung,
mich als neue Schöpfung zu gebären.
Nimm an deine Auserwählung, den in mir schlummernden
Samen der Lichtmaterie zu wecken.
Zieh an das Kleid des Lichts! Werde Licht! Sei neue Schöpfung!
Maria, die erste Lichtgestalt der Erde ist Weisung!
Maria, die Virgo Potens ist deine Weihe: Gefäß der Wandlung
aller Schöpfung ist sie.
Durch Maria vollendet sich die Taufe der Erde: Herz der
dreieinen Gottheit zu sein!
Tochter der Erde, Sohn der Erde, nimm an die Weihe der
kosmischen Mutter.«[24]

Diese Information erschütterte mich tief. Noch immer bin ich
dabei, sie verstehen und in mein Leben integrieren zu lernen.
Am meisten erschüttert mich der Satz: *»Nimm an deine Aus-*
erwählung, den in mir schlummernden Samen der Lichtmaterie zu
wecken.« Wie groß scheint doch die Berufung des Menschen zu
sein! Die Frage, wie dieser Same der Lichtmaterie gefunden und
zum Keimen gebracht wird, sollte mich nicht mehr verlassen.

---

24 Pia Gyger: *Hört die Stimme des Herzens*, S. 140 f.

Jerusalem, Stadt der Städte

Nicht immer kam die Stimme des Herzens in dieser Leichtigkeit zu mir. Manchmal bahnte sie sich ihren Weg zum Beispiel über Initiationskrankheiten. So war es auch, als ich über eine Krebsdiagnose tiefer in die »Aufgabe des Menschen« Einblicke erhielt. Es war kurz nach der Operation, als ich plötzlich wieder jene Energie in mir spürte, die mich zum inspirierten Schreiben drängt. Noch sehe ich die überraschte Krankenschwester vor mir, die mir auf meinen Wunsch hin in der Nacht einen Kugelschreiber und Papier mit folgenden Worten brachte: *»Frau Gyger, Sie müssen doch jetzt keine Briefe schreiben.«* Es waren ja auch keine Briefe, die ich da von meinem Krankenbett aus schreiben wollte. Ich versuchte der inneren Weisung zu gehorchen und den Informationen, die durch mich hindurchströmten, Ausdruck zu geben. Wie so oft las ich auch dieses Mal mit großem Erstaunen den Text, der in dieser Nacht den Weg zu mir fand:

»Jerusalem: Stadt der Städte, berufen die Rassen, Völker
und Nationen zu sammeln und zur Einheit zu führen.
Jerusalem, du bist der Ort, in dem sich die alte und die neue
Sicht, die alte und die neue Macht bekämpfen. Du bist der
Ort der sichtbaren Manifestation der unerlösten Übergänge.
Wer deine Geschichte versteht, versteht die Grundmuster der
Menschheit.
Jerusalem, freue dich, in dir soll die Menschheit Frieden erlernen.
An dir soll die Menschheit die alten Muster erkennen,
um sie loszulassen.
Jerusalem, sammle deine Kraft. Du bist Trägerin der Impulse
der Propheten und Ort der Transformation des Kreuzes ins
Licht des Auferstandenen. Nimm an deine Berufung, Ort
der Sammlung, der Neuausrichtung der Kräfte der Menschheit
zu sein.

Jerusalem, sei Stadt des Friedens. Lehre die Menschheit,
was Friede bedeutet – zeige auf, Gerechtigkeit und Friede
küssen sich. Erst wenn dies geschieht, kann Frieden entstehen.
Lehre Gerechtigkeit, lehre Freude, lehre das große
Zueinander und Miteinander – werde Braut.«[25]

Bestürzt fragte ich mich: *»Was habe ich mit Jerusalem zu tun?*
Ich weiß ja nicht einmal, wie lang ich noch zu leben habe. Was will
diese Vision von mir?« Voller Not rief ich meinen Lebenspartner
Niklaus Brantschen an und fragte ihn: *»Niklaus, spinne ich jetzt?*
Wie komme ich zu einer solchen inneren Weisung?«

Seine Antwort beruhigte mich: *»Nein, du spinnst nicht. Dazu*
ist der Text zu intelligent, und zudem entspricht er den prophetischen
Weisungen von Micha und Jesaja.« Er versprach mir, mich mit
dem Auftrag nicht allein zu lassen.

Noch im selben Jahr flogen wir das erste Mal nach Jerusalem,
ohne genau zu wissen, was wir dort tun sollten ... Wir wussten
nur, dass wir auf die Stimme des Herzens zu hören hatten.
Seither waren wir oft dort, zunächst einmal um zu forschen,
wie die Botschaften jener Nacht in ein real-politisches Projekt
umgesetzt werden können. Auf diesem Weg entstand das Projekt »Jerusalem – Offene Stadt zum Erlernen des Friedens
in der Welt«. In der Zwischenzeit arbeiten wir vor Ort mit
verschiedenen Projektpartnern sowohl aus Israel als auch aus
Palästina zusammen.

Auch die Quelle der Inspiration versiegt nicht. Es ist, als
möchte mich die Stadt Jerusalem immer wieder neu beschen-
ken, allerdings mit Gaben, die alle mit einem spirituell-politischen Auftrag verbunden sind. Hier ein weiterer exemplarischer
Text:

---

25 Niklaus Brantschen/Pia Gyger: *Jerusalem – Offene Stadt zum Erlernen des*
Friedens in der Welt (Broschüre des Lassalle-Instituts)

*»Jerusalem und die Tempelmatrix: Jerusalem, die Weisheit
der Tempelmatrix weist den WEG vom äußeren Heiligtum
zum inneren Heiligtum, dem menschlichen Körper.
Die Tempelmatrix weist den WEG zum ›neuen Jerusalem‹
im menschlichen Körper, Licht! Die Tempelmatrix ist die in
der Erde ruhende Kraft und Sehnsucht nach dem erwachten
menschlichen Herzen, angelegt am Beginn der Schöpfung.
Die Tempelmatrix ist der WEG vom Empfang der Stimme
Jahwes im äußeren Heiligtum, zum Hören der Stimme der
Sophia im eigenen Herzen. Die Erde trägt in sich die Sehnsucht
nach dem erwachten menschlichen Herzen, seit Beginn der
Schöpfung. Das Herz der Erde vollendet sich im erwachten
menschlichen Herzen. Eine Vollendung, die gleichzeitig
›neue Geburt‹ bedeutet. Die Geburt des kosmischen Menschen,
der in der Kraft der Auferstehung lebt. Freut euch und frohlocket!
Die Erde sehnt sich nach dem erwachten Menschen, der weiß,
dass er das All in sich trägt.«*[26]

Eine Herzensspur scheint durch mein Leben gelegt, angefangen
von meiner Mutter, die mich lehrte, die Stimme des Herzens
in der Stille zu hören. Viele Jahre später dann diese herausfor-
dernde Einladung, im Herzen zum kosmischen Menschen zu
erwachen.

In dieser Zeit wurden mir auch Informationen geschenkt zur
Weisheit, die in den Herzkammern gespeichert ist. Eine Zusam-
menfassung dieser Botschaften ist im Anhang zu diesem Artikel
zu finden. All diese Texte, die für mich beim ersten Lesen oft
geheimnisvoll klingen, enthalten wichtige Weisungen für unsere innere, spirituelle Entwicklung und auch für die Realisierung
des Friedensprojektes in Jerusalem. Noch haben wir längst nicht
alle erschlossen.

---

26 Pia Gyger: *Hört die Stimme des Herzens*, S. 105

Jerusalem, Stadt des Friedens

Für Niklaus Brantschen und mich galt es zunächst, den Mythos »Jerusalem, heilige Stadt des Friedens« für eine tragfähige Friedenslösung fruchtbar zu machen. Jerusalem ist nicht nur für seine Bürger wichtig, es ist für die ganze Weltgemeinschaft von zentraler Bedeutung. So schrieben wir in der Broschüre zu diesem Projekt:

> *»Jerusalem, die Stadt, die von Juden, Christen und Muslimen*
> *›Die Heilige‹ genannt wird, liegt im Fadenkreuz der*
> *politischen Konflikte zwischen Palästinensern und Israeli.*
> *In Jerusalem verdichten sich ungelöste Menschheitskonflikte.*
> *Es überrascht nicht, dass sich im Laufe der Jahrhunderte eine*
> *Vielzahl von Mythen um Jerusalem gebildet hat. Ihr Kern sind*
> *die prophetischen Verheißungen aller drei Abrahamitischen*
> *Religionen, die Jerusalem als Stadt des Friedens ansprechen.«*[27]

Das Team des Lassalle-Instituts setzt sich dafür ein, dass in Jerusalem ein offener Raum der Friedensforschung und Friedenserziehung geschaffen wird. Wir sind uns dabei der bleibenden Mitverantwortung Europas am Nahostkonflikt bewusst und lassen uns in unseren Aktivitäten von mehreren Fragen leiten:

♦ *Was wäre, wenn* ... Friedensaktivisten aus aller Welt in der Altstadt von Jerusalem und Umgebung Schulen, Universitäten und Forschungszentren vorfänden, wo sie Wege der Heilung und Versöhnung suchen und einüben könnten?

♦ *Was wäre, wenn* ... Israelis, Palästinenser und Palästinenserinnen als Gastgeber Menschen aller kulturellen Hintergründe und Religionen in Jerusalem zum Dialog und zur Schaffung des Friedens in Jerusalem und der Welt empfangen würden?

---

27 Niklaus Brantschen/Pia Gyger: *Jerusalem – Offene Stadt zum Erlernen des Friedens in der Welt* (Broschüre des Lassalle-Instituts)

◆ *Was wäre, wenn* ... Jerusalem als offene Stadt ein Ort würde, an dem die spirituelle Kraft der Religionen ebenso wie neue Wirtschaftsformen, Gesundheitszentren, Kunstinitiativen und Bildungsinstitutionen genutzt würden, um zum Weltfrieden beizutragen?

◆ *Was wäre, wenn* ... die Weltgemeinschaft die Bevölkerung von Jerusalem beim Aufbau ihrer Stadt als offene Weltstadt des Friedens geistig und materiell unterstützen würde?

Die Antworten könnten etwa wie folgt lauten:
Es würden ganz neue, unerwartete Perspektiven eröffnet, die für beide Konfliktpartner (endlich) eine Win-win-Situation entstehen ließen:

◆ auf der Ebene der Identitätsfindung: eine einmalige Gastgeberrolle;
◆ auf der Ebene des wirtschaftlichen Fortschritts: Besucherstrom, Investitionen;
◆ auf der Ebene des internationalen Ansehens: Ehrung und Anerkennung innerhalb der Völkergemeinschaft;
◆ auf der globalen Ebene: Bedeutung Jerusalems wird der gesamten Weltbevölkerung bewusst.[28]

Die obigen Fragen und die möglichen Antworten darauf haben uns bei der Umsetzung der Vision geleitet. Die Aktivitätsfelder sind breit gefächert, und das müssen sie auch, denn bei einem Konflikt, der aus vielschichtigen religiösen, politischen und ökonomischen Kämpfen und Verletzungen entstand, ist ein mehrdimensionales, vernetztes Vorgehen unerlässlich. Dank der Akkreditierung des Lassalle-Instituts als Nichtregierungsorganisation beim ECOSOC[29] konnten wir einen wichtigen

---

28 Auch nachzulesen unter www.lassalle-institut.de/jerusalemprojekt/vision
29 Abkürzung für *Economic and Social Council*, dem Wirtschafts- und Sozialrat der Vereinten Nationen

Akzent am Hauptsitz der Vereinten Nationen in New York setzen. Bei den jährlichen Aufenthalten war uns die Begegnung und das Gespräch mit verschiedenen UNO-Gremien, den Autoren der Roadmap for Peace[30] für den Nahen Osten, Mitgliedern der israelischen Botschaft und der palästinensischen Vertretung ein besonderes Anliegen. Es war uns wichtig, sie für unsere Vision als auch für deren Umsetzung zu gewinnen.

Während der regelmäßigen Aufenthalte unseres Teams in Jerusalem stand zunächst die Weiterentwicklung der Vision »Jerusalem – Offene Stadt zum Erlernen des Friedens in der Welt« im Mittelpunkt. In der Zwischenzeit sind wir mit Partnern vor Ort in verschiedenen Projekten in Kontakt. Unsere Basisarbeit geschieht jedoch in der Schweiz im Lassalle-Institut in Bad Schönbrunn. Wir bemühen uns um die ständige Weiterentwicklung des Projekts und dessen Verankerung in der Schweiz. Konferenzen im Lassalle-Haus werden vorbereitet, die notwendigen Reisen (nach Jerusalem und zur UNO in New York) geplant und das Fundraising betrieben. Wir werden dabei von namhaften Persönlichkeiten aus Politik und Wirtschaft aus den Reihen des ECOSOC unterstützt.

Wissenschaft und Mystik begegnen sich

Auf dem Weg, ein real-politisches Projekt in Jerusalem zu entwickeln, wurde Niklaus Brantschen und mir immer deutlicher, dass die sogenannte »spirituelle Feldbildung« von großer Wichtigkeit ist, ja sogar das tragende Fundament bildet, um in diesem Projekt immer wieder neu Mut und Kraft zum Durchzuhalten zu gewinnen.

---

30 Bezeichnung für den Friedensplan der UNO, USA, EU und Russlands zur Beilegung des Nahostkonflikts

Spirituelle Feldbildung, so wie wir sie verstehen, beruht auf der Tatsache, dass sich alles, was wir denken, sagen und tun auf die Welt auswirkt, und zwar nicht nur in der Gegenwart, sondern auch in Bezug auf die Zukunft. Dieses Faktum wird von der modernen Physik ebenso bezeugt wie durch mystische Erfahrung. Beide Disziplinen sind sich einig: Gedanken, Gefühle und Worte sind Energieträger. Mit der Absicht, kriegerische Konflikte zu überwinden, entwickelten wir deshalb Konzepte, Methoden und Rituale, um unser Denken, Sprechen und Handeln auf Frieden auszurichten.

Führende Physiker unserer Zeit nähern sich in ihren Forschungen immer mehr dem Geheimnis unserer Existenz. Viele von ihnen spüren, dass sie dadurch an die Grenzen ihrer wissenschaftlichen Methoden und Sprache gelangen. An diesem Punkt suchen sie das Gespräch mit spirituellen Menschen. An verschiedensten spirituellen Zentren, aber auch an Universitäten wird diskutiert, geforscht und sich im Erfahrungsdialog über die Einheit des Seins ausgetauscht. Es sind kreative und fruchtbare Gespräche, aus denen immer wieder neue und unerwartete Erkenntnisse emergieren. Bei allen Unterschieden der Sprache, der Methoden und Erfahrungen gibt es immer mehr Bereiche der Übereinstimmung.

Eine besondere Rolle in diesem Suchen spielte David Bohm, von dem gesagt wird, er vereine in seiner Person den anstehenden Paradigmenwechsel, nämlich die Verbindung des theoretischen Physikers mit dem Mystiker. Sein Buch über die Natur des Bewusstseins »*Wholeness and the Implicite Order*« ist inspiriert und geprägt durch den intensiven Gedankenaustausch mit dem indischen Weisen Jiddu Krishnamurti.

Nach Bohm stellt sich die uns bekannte Welt dreidimensional dar: als die Welt des Raumes, der Zeit und der physischen Objekte. Bohm nennt diese dreidimensionale Wirklichkeit die »explizite Ordnung«. Die Materie der »expliziten Ordnung«

hat eine dichte Struktur. Hinter der »expliziten Ordnung« postuliert Bohm eine »implizite Ordnung«. Diese implizite (eingefaltete) Ordnung ist ein Ozean von Energie, der sich laufend entfaltet, wieder einfaltet und neu entfaltet. Hinter der »impliziten Ordnung« verbirgt sich ein noch gewaltigeres Meer von Energien: die »supra-implizite Ordnung«. Diese »supra-implizite Ordnung« ist nach Bohm ein nicht vorstellbares Reservoir an Energie und leerem Raum. Dieses Reservoir ist das Informationsfeld des gesamten Universums, dem eine umfassende Intelligenz innewohnt. »Die Menschen hatten in der Vergangenheit Einblick in eine Form der Intelligenz, die das Universum strukturiert hat, und sie haben sie personalisiert und Gott genannt.« (Bohm, im Gespräch mit Renée Weber)[31]

Aus dem bisher Gesagten lässt sich schließen: Das »Supra-Implizite« ist die All-Kraft und Information, die jeder Manifestation der phänomenalen Welt zugrunde liegt. Das Implizite ist die erste feinstoffliche Manifestation dieser All-Kraft. Das Explizite ist das verdichtete, für uns sichtbare Endergebnis: die phänomenale Welt. Mit diesen Begriffen und der Aussage, jeder Mensch sei individuell und universal, jede Individualität entfalte sich aus der Ganzheit und sei eine einmalige Signatur der »supra-impliziten Ordnung«, bereitet Bohm die Grundlage der spirituellen Feldbildung.

Eine weitere Referenz ist der renommierte ungarische Philosoph und Systemwissenschaftler Ervin Laszlo, dessen Werke um die Wechselwirkung von Materie und Bewusstsein kreisen. Er schreibt in seinem Buch »Kosmische Kreativität« zur Wirkung des menschlichen Denkens auf das Quantenfeld:

»In dem neuen Paradigma ist unser Gehirn nicht nur ein Fenster zum Universum; es erscheint auch als Teil des Organismus und daher als Informationssender in das Universum hinein. Durch die subtilen

---

31 Siehe Kapitel über David Bohm in: Renée Weber (Hrsg.): *Wissenschaftler und Weise*

Wellenvorgänge im Quantenfeld vermittelt, fließt die Information zwischen dem Gehirn und dem übrigen Universum in beide Richtungen. Gedanken, Bilder, Gefühle und Intuition, die in unser Bewusstsein treten, finden ihre Entsprechung in den elektrochemischen Aktivitäten unserer neuronalen Netzwerke. Unsere flüchtigsten Gedanken und unbestimmtesten Intuitionen bleiben in verschlüsselter Form im kosmischen Vakuum erhalten.

Unter der Voraussetzung des gegenseitigen Austausches von Informationen zwischen menschlichen Gehirnen und der Welt sind die Gedanken und Wahrnehmungen einer Person für ihre Umgebung einschließlich anderer Menschen unmittelbar bedeutsam. Weil nämlich das Gehirn nicht zu trennen vermag, kann der Gehirnzustand eines Individuums innerhalb einer gewissen Variationsbreite von einem anderen gelesen werden. Dies bedingt eine neue Dimension der Verantwortlichkeit menschlicher Wesen: Was wir denken und fühlen, kann unsere Mitwesen beeinflussen, und zwar nicht nur diejenigen, die uns hier und jetzt nahestehen, sondern auch diejenigen an entfernten Orten und in kommenden Generationen.«[32]

Neben David Bohm und anderen, wie Rupert Sheldrake, bietet also auch Laszlo wichtige Einsichten für das, was wir mit spiritueller Feldbildung meinen. Was diese Wissenschaftler bei der Erforschung der Materie entdeckten, erfahren Mystiker verschiedener Religionen in der inneren Schau.

So sagt der deutsche Mystiker Heinrich Seuse: »*Ein gelassener Mensch sollte alle seine Seelenkräfte so zähmen, dass, wenn er in sich hineinschaut, sich ihm da das All zeigt.*«[33]

Ähnliches lesen wir bei Meister Eckhart: »*Es ist eine Kraft in der Seele, die ist weiter als diese ganze Welt. Es muss gar weit sein, darin Gott wohnt.*«[34] Und weiter: »*Wie wunderbar: draußen stehen*

---

32 Ervin Laszlo: *Kosmische Kreativität*, S. 283 f.
33 Heinrich Seuse in: Ermin Döll (Hrsg.): *Der Weg der Meister*, S. 209
34 Meister Eckhart in: Ermin Döll (Hrsg.): *Der Weg der Meister*, S. 207

wie drinnen, begreifen und umgriffen werden, schauen und das Geschaute sein, halten und gehalten werden – das ist das Ziel, wo der Geist in Ruhe verharrt, der lieben Ewigkeit vereint.«[35]

Sosan, der dritte chinesische Zen-Patriarch, bringt es wie folgt auf den Punkt: »*Eins ist Alles, Alles ist Eins.*«[36]

Diese Texte machen deutlich,

* dass wir im Sinne Meister Eckharts sowohl die Schauenden wie auch die Geschauten sind.
* dass wir die Ewigkeit durch die Zeit beeinflussen können.
* dass in der Einheit des Seins Vergangenheit, Gegenwart und Zukunft ungetrennt sind.
* dass wir also an der Heilung der Vergangenheit und Gegenwart mitwirken und an einer friedlicheren Zukunft bauen können.

Uns bewegte in der Projektgruppe die Frage, wie wir die gewonnenen Einsichten für unser Engagement nutzen könnten. Im gemeinsamen Suchen verstanden wir immer tiefer, dass die spirituelle Feldbildung vor allen politischen Aktivitäten notwendig ist. So entstanden verschiedene Rituale, die den Boden für die Friedensarbeit in Jerusalem bereiten sollten. Das wichtigste nennen wir liebevoll und kurz das »Jerusalem-Ritual«[37]. Es umfasst fünf archetypische Schritte, die jeden tief greifenden Transformationsprozess begünstigen:

1. Schritt: Wird die Vergangenheit geehrt, so taucht selten die manchmal ängstlich und verunsichert, manchmal trotzig und widerständig gestellte Frage auf: Haben wir denn in der Vergangenheit alles falsch gemacht?

---

35 Meister Eckhart in: ebd. S. 290

36 Yamada Kôun Roshi: *Die torlose Schranke – Mumonkan*, S. 44

37 Niklaus Brantschen/Maria-Christina Eggers/Pia Gyger: *Spirituelle Feldbildung* (Broschüre des Lassalle-Instituts)

2. Schritt: In jeder Vergangenheit liegen Altlasten, welche die Schritte in die Zukunft lähmen, wenn in ihnen nicht das heilende, göttliche Licht angesprochen wird.

3. und 4. Schritt: In der Verbindung mit der Kraft und Hingabe von visionären Menschen wächst der Mut, neue Formen des Übergangs zu wagen.

Im *5. Schritt* wird die Zukunft in der Gegenwart begrüßt und damit ein Raum bereitet für eine heilere, friedvollere und gerechtere Welt.

Dieses Ritual hat bereits viele Herzen berührt. Der Text zu diesem Ritual ist inzwischen in zwölf Sprachen übersetzt und hat somit den Weg in viele Erdteile gefunden. Andere haben die einzelnen Schritte auf ihr eigenes Leben, ihr Land oder gar ihren Kontinent angewandt und neu geschrieben. So wird der Samen des Friedens weitergetragen.

Priesterin und Priester der kosmischen Wandlung

Mitten in unserem spirituell-politischen Tun zeigte sich eine neue Einsicht, nämlich von welch zentraler Bedeutung die Zusammenarbeit von Mann und Frau beim Aufbruch in die neue Zivilisation ist.

Meine Nichte, Franziska Bolt, lebte damals als Assistentin in unserem Projekt während mehrerer Monate in Jerusalem. Sie wusste, an welchen Themen wir forschten, und überraschte mich in dieser Zeit mit folgender Inspiration:

»Adam und Eva, geträumt:

Sie steht aufrecht und zeigt sich in ihrer vollen Größe, hat die Angst vor ihrer eigenen Kraft verloren. Sie ist mutige und weise Gefährtin, denn sie hat aufgehört, sich dem Mann unterzuordnen und ihn gleichzeitig dafür zu bestrafen. Sie ist frei, denn sie hat sich von

ihren Schuldzuweisungen an das Patriarchat gelöst und ihre Opfer-
rolle abgestreift. Sie ist schön, denn sie hütet sorgsam das Geheimnis
des Lebens in ihrem Schoß. Sie liebt es, zu umsorgen, ohne unter-
würfig zu sein, denn sie hat zu ihrer neuen Würde gefunden. Sie hat
natürliche Grazie, denn sie setzt ihre mentale Brillanz in Verbunden-
heit mit allen Existenzformen ein. Sie ist mächtige Hüterin der Erde,
denn sie weiß um die Zerbrechlichkeit des planetaren Ökosystems und
wie man sein Gleichgewicht bewahrt. Sie ist eine Priesterin des Uni-
versums, denn sie kennt die verschiedenen Ebenen der Wirklichkeit,
weiß um die Einheit aller Dinge. Sie ist leidenschaftlich, hingebungs-
voll und unabhängig, hat das Wesen ihrer Weiblichkeit erkannt. Sie
ist verehrte Muse, denn sie weiß die Sehnsucht des Mannes zu stillen,
zuinnerst berührt zu werden. Sie ist Königin, denn sie lehrt den
Mann, das Neuland des erwachenden Herzens mit ihr zu betreten.

Er wird geliebt, weil er führt, ohne auf seinem Vorrang zu beste-
hen. Er ist geehrt, denn er ist Meister, ohne unterdrücken zu müssen.
Er ist mächtig durch Humor und Großzügigkeit, versöhnt mit seiner
wilden Kraft. Losgelöst von den Schuldgefühlen, die so lange auf ihm
lasteten, geht er aufrecht in neuer Würde. Er ist weise, denn er ist sich
bewusst, dass er es nicht immer am besten weiß. Er kann seine Bega-
bungen und Fertigkeiten zeigen, ohne stets der Beste sein zu wollen.
Er ist schön, denn er muss nicht mehr töten, um seine Stärke zu be-
weisen. Er ist spielerisch, schöpferisch, leidenschaftlich, denn er ist vom
Soldaten zum Botschafter des Lichts geworden. Er hat den Mut, seiner
Sehnsucht zu folgen. Voller Entdeckergeist strebt er nach den Sternen,
eingebettet in die Rhythmen des Seins. Er ist gütig, mitfühlend und
zärtlich, ohne sich vor seiner Verletzlichkeit zu ängstigen. Er liebt sei-
ne Männlichkeit, denn er hat sein Herz gefunden. Er fürchtet sich
nicht mehr vor der Frau, denn er weiß, wer er ist. Er hat verstanden,
dass durch seine liebevolle Unterstützung die Frau die Neue Erde
gebären kann. Er ist König, denn er hat die Größe, zu dienen. Er ist
frei, denn er hat seine Königin befreit.«[38]

---

38 Unveröffentlichter Text von Franziska Bolt, 2007

Dieser Text zeigt, wie wichtig in unserer Zeit des Paradigmen-wechsels die Neugestaltung der Partnerschaft von Mann und Frau ist. In Zukunft wird das Paar das Ergänzungspotenzial be-wusst entfalten und sich miteinander einsetzen, sodass sich die drei neuen Sinne entwickeln und entfalten können. Damit die Kultur der Partnerschaft zwischen Mann und Frau im Dienste der *Einen* Welt zur vollen Entfaltung kommen kann, braucht es ganz wesentlich eine bewusste Entfaltung des geschlechtlichen Sinnes.

Das heilige Feuer der Sexualität

Die Evolution zeigt in Bezug auf die Anziehung der Geschlech-ter, dass in den Anfangsformen des Lebens Sexualität und Fort-pflanzung identisch waren. Das wichtigste Ziel der Sexualität war über Jahrtausende hinweg die Arterhaltung. Die Erde muss-te bevölkert werden. Das menschliche Leben durfte auf dem Planeten nicht mehr verschwinden. Daher war im Christentum, aber auch in vielen anderen Religionen und Kulturen fast der gesamte sittliche Kodex auf das Kind ausgerichtet, das heißt, erster Zweck der Ehe war die Fortpflanzung. Erst an zweiter Stelle stand die gegenseitige Ergänzung von Mann und Frau. Und genau an dieser Stelle setzt die Umpolung an. In der Ent-faltung des geschlechtlichen Sinnes wird es in Zukunft vermehrt um die Synthese der männlichen und weiblichen Kraft beim Aufbau der Persönlichkeit gehen. Wörtlich sagt Teilhard de Chardin: *»Für die Menschen der Zukunft wird es nicht mehr in erster Linie darum gehen, ihre Geburten zu kontrollieren, vielmehr kommt es darauf an, der Quantität, der von der Fortpflanzung befreiten Liebe ihre volle Entfaltung zu geben.«*[39]

---

39 Teilhard de Chardin: *Die Menschliche Energie*, S. 102

Die »von der Fortpflanzung befreite Liebe« wird weniger im körperlichen als im psychischen Bereich eine neue Gestalt annehmen. Zeichen der Umpolung sehen wir heute in der Emanzipation der Frau durch ständig zunehmende Bildungsmöglichkeiten und durch die Verbindung von Mutterschaft und Erwerbsarbeit. Annette Kaiser gehört zu den Pionierinnen in diesem Bereich. Ein weiteres Zeichen ist der Ausbruch aus der Kleinfamilie und die Entwicklung von alternativen Lebensformen in Generationenhäusern und Kollektiven. Ein eindrückliches Beispiel dafür ist Tamera, das Heilungsbiotop, das Sabine Lichtenfels mitgegründet hat.

Das Suchen nach neuer Gestaltung der geschlechtlichen Energie ist oft auch schmerzhaft und gekennzeichnet von vielen Irrwegen. Die Evolution geht tastend voran, trägt aber die Chance zu neuer Entfaltung des geschlechtlichen Sinnes und zu einer neuen, tieferen Begegnung von Mann und Frau in sich. Je mehr psychische Intimität zwischen Mann und Frau möglich werden, desto größer wird die Differenzierung ihrer psychosexuellen Entwicklung. Diese vollzieht sich über verschiedene Stufen und wird allgemein in vier Phasen beschrieben: Sexus, Eros, Amor, Agape.

Die Stufe des Sexus ist gekennzeichnet durch eine anonyme, magische Anziehung der Geschlechter, ohne Begegnung auf psychischer Ebene, ohne Begegnung mit einem Du. Die Partner sind daher auswechselbar.

Die Stufe des Eros ist gekennzeichnet durch die projektive Liebe. Im Gegensatz zur anonymen Begegnung auf der Stufe des Sexus wird hier der konkrete, individuelle Mensch gesucht. Die gegenseitige Anziehung geht über das Körperliche hinaus. Eine tiefe Begegnung mit dem Partner ist jedoch noch nicht möglich, weil die Anziehung hauptsächlich über Projektionen eigener noch nicht entfalteter Persönlichkeitsanteile bestimmt ist. In der projektiven Liebe liebt der Mensch vorwiegend sich selbst im anderen. Fällt die Projektion in sich zusammen, kann die Verliebtheit ganz plötzlich zu Ende sein. Der größte Teil der Menschheit ist noch in der Stufe des Sexus und Eros befangen. Der Übergang zur reiferen Liebe zwischen Mann und Frau ist nach Teilhard de Chardin jedoch die Voraussetzung dafür, dass im Menschen ein evolutiver Gestaltwandel stattfinden kann.

Der Übergang von der projektiven Liebe zur reiferen Liebe, der Stufe von Amor, geschieht erst dann, wenn beide Partner tiefere Begegnungsmöglichkeiten zulassen und bereit sind, die Enttäuschungen, die durch das Zusammenbrechen der projektiven Liebe entstehen, miteinander zu verarbeiten. In diesem Prozess lernen beide, sich in ihrem eigentlichen Wesen zu erkennen. Die Anziehung zwischen den Liebenden ist tiefer begründet als im körperlichen Begehren, in der Schönheit oder anderen Eigenschaften. In dieser Phase gewinnt die geschlechtliche Vereinigung eine neue, tiefere Qualität. Sie wird immer mehr zur Sprache der Liebe. Nicht selten erfahren die Liebenden in der körperlichen Vereinigung die göttliche Gegenwart. Obwohl diese Phase immer beglückender wird, da sich die Liebenden immer tiefer durch die Liebe des Partners/der Partnerin erkennen, ist sie noch nicht der letzte Schritt in der Entfaltung des geschlechtlichen Sinnes.

Franziska Bolt schreibt zu diesem letzten Schritt, der Agape: *»Unter Agape in der geschlechtlich gelebten Liebe verstehe ich den Einbezug der Sexualität in den Dienst am Göttlichen – Sexualität als Weg zur unmittelbaren Erfahrung der göttlichen Natur des Partners, aber auch der göttlichen Natur des gesamten Kosmos. Durch Agape verändern sich notwendigerweise die konkreten Ausdrucksformen der Sexualität hin zu einer entschleunigten, viel innigeren und personenbezogeneren, beinahe meditativ zu nennenden geschlechtlichen Liebe, welche losgelöst vom Streben nach orgastischen Zuständen primär der Feier der (personenbezogenen und allumfassenden) Liebe und dem Wachstum der Seele dient, also weit über eine körperliche Vereinigung hinausgeht.«*

So wie im Hinduismus, Buddhismus und in den tantrischen Traditionen der Übergang vom Unbewussten zum Allbewussten gesucht wird, indem die gesamten sexuellen, emotionalen und geistigen Energien auf zunehmend höhere Entwicklungsstufen gelenkt werden, ist auch Teilhard der Überzeugung, dass die Evolution des Bewusstseins und die Umwandlung der sexuellen Energie eng miteinander verbunden sind. Die sexuelle Energie kann in andere Energiestufen transformiert werden. In diesem Transformationsprozess werden die Zellen durch hohe Energiefrequenzen belebt. In Körper und Geist der Betroffenen nimmt Kraft und Vitalität zu. Teilhard ist ebenso überzeugt, dass Mann und Frau sich neu und tiefer ergänzen können. Sie werden zu einer psychischen Nähe finden, die eine reifere Gestaltung der Sexualität miteinschließt. Dies setzt aber die Gleichberechtigung von Mann und Frau notwendig voraus.

»Seid Priesterinnen und Priester der kosmischen Wandlung« heißt das Thema dieser Ausführungen. Sie zeigen, dass wir uns gegeben und aufgegeben sind. Mensch sein heißt immer auch Mensch werden! Es ist wichtig, dass wir uns dessen jeden Tag bewusst sind. Wir können jeden Tag dazu beitragen, dass unsere drei stärksten Triebe – Sexualtrieb, Machttrieb und Besitztrieb – im Dienste einer friedlichen Menschheit entfaltet werden.

Das Erwachen des Herzens

Neben Teilhard de Chardin war mir immer auch Paulus eine wichtige Inspirationsquelle. In einem seiner Briefe an die Korinther schreibt er: »*Wisst ihr nicht, dass euer Leib ein Tempel des Heiligen Geistes ist und dass der Geist Gottes in euch wohnt? Verherrlicht Gott in eurem Leib.*« (1. Brief an die Korinther 6, 19/20)

Doch was heißt dies ganz konkret? Als ich vor Jahren diese Frage immer wieder in mir trug, erwachte ich eines Morgens mit der Weisung: »*Kommuniziere mit deinen Organen und wisse, du kommunizierst mit dem ewigen Wort, das in jeder Zelle deines Körpers lebt.«* Seither habe ich mich darin geübt, mit meinen Organen direkt zu sprechen. Zum Beispiel: *»Ich bin* die vollkommene Gesundheit meines Körpers. *Ich bin* die vollkommene Gesundheit all meiner Zellen ...« Auf einem Spaziergang mit meiner Freundin Anna Gamma, mit der ich mich regelmäßig austausche, entstand folgendes Gebet:

»Im Namen des auferstandenen Christus begrüße ich dich, Erde, in meinem Herzen. Ich begrüße dich, Menschheit, in meinem Herzen. Ich begrüße dich, Sonnensystem, in meinem Herzen. Ich begrüße dich, Milchstraße, in meinem Herzen, Heimat der Erde und meine Heimat. Gesegnet bist du, Herz, in dem sich Mensch und Kosmos erkennen und weiterentwickeln. Dir und deinem Erwachen zum kosmischen Herzen weihe ich diesen Tag. Kodoisch, Kodoisch, Kodoisch Adonai Zabajoth. Lumen Christi, Lumen Christi, Lumen Christi.«

Im betenden Gespräch mit meinem Körper wurde mir immer deutlicher, dass das Herz das Hauptorgan unseres Körpers ist. Es ist das Tor zu jeder Art der Weiterentwicklung. Diese Erkenntnis bekam durch folgende Inspiration[40] noch ein deutlicheres Gewicht: *»Wenn du mit mir kommunizierst, hat dies direkte Auswirkungen auf den Kosmos – denn ich, dein Herz, bin die Verbindung mit jeder Dimension des Alls. Ich bin am Erwachen. Dieser Prozess des Erwachens des menschlichen Herzens ist die Sehnsucht des Alls! Im menschlichen Herzen erwacht der Kosmos zum Selbstbewusstsein.*

Was ich von dir wünsche? Lass los jede Angst! Hilf mir, deinem Herzen, die in der Materie innewohnende Angst vor Veränderung zu überwinden. Verlocke mich, ermuntere mich und befiehl mir, im Namen des Auferstandenen, die Weiterentwicklung mit Freude anzunehmen. Friede in Jerusalem ist gekoppelt an das Erwachen des menschlichen Herzens. Bildet ein Feld!«

---

40 Eine Übung zur Weisheit des Herzens ist im Anhang zu finden.

Diese Art der inneren Führung überforderte nicht selten mein Ich-Bewusstsein. Da war der Kontakt mit meinen besten Freunden, Niklaus Brantschen und Anna Gamma, eine große Gnade. Immer wieder konnte ich mit ihnen meine Inspirationen besprechen, und immer wieder ermutigten sie mich, mich darauf einzulassen. Ich bin ihnen dankbar, dass wir oft gemeinsam nach Möglichkeiten der Umsetzung der darin enthaltenen Informationen suchten und suchen.

Ein Text, der in Zeiten von Selbstzweifeln eine große Wirkung auf mich hatte und ihnen die Macht über mich nahm, ist ein kleiner Dialog von Henry Nouwen, einem niederländischen Priester und Psychologen. Er beschreibt darin, wie ein ungeborenes Zwillingspärchen sich im Bauch der Mutter unterhält:

»›Sag mal, glaubst du eigentlich an ein Leben nach der Geburt?‹, fragt der eine Zwilling.

›Ja, auf jeden Fall! Hier drinnen wachsen wir und werden stark für das, was draußen kommen wird‹, antwortet der andere Zwilling.

›Ich glaube, das ist Blödsinn!‹ sagt der erste. ›Es kann kein Leben nach der Geburt geben – wie sollte das denn bitteschön aussehen?‹

›So ganz genau weiß ich das auch nicht. Aber es wird sicher viel heller als hier sein. Und vielleicht werden wir herumlaufen und mit dem Mund essen?‹

›So einen Unsinn habe ich ja noch nie gehört! Mit dem Mund essen, was für eine verrückte Idee. Es gibt doch die Nabelschnur, die uns ernährt. Und wie willst du herumlaufen? Dafür ist die Nabelschnur viel zu kurz.‹

›Doch, es geht ganz bestimmt. Es wird eben alles nur ein bisschen anders.‹

›Du spinnst! Es ist noch nie einer zurückgekommen von nach der Geburt. Mit der Geburt ist das Leben zu Ende. Punktum.‹

›Ich gebe ja zu, dass keiner weiß, wie das Leben nach der Geburt aussehen wird. Aber ich weiß, dass wir dann unsere Mutter sehen werden, und sie wird für uns sorgen.‹

›Mutter??? Du glaubst doch wohl nicht an eine Mutter? Wo ist sie denn bitte?‹
›Na hier – überall um uns herum. Wir sind und leben in ihr und durch sie. Ohne sie könnten wir gar nicht sein!‹
›Quatsch! Von einer Mutter habe ich noch nie etwas bemerkt, also gibt es sie auch nicht.‹
›Doch, manchmal, wenn wir ganz still sind, kannst du sie singen hören. Oder spüren, wenn sie unsere Welt streichelt ...‹«[41]

Meine Nichte, Franziska Bolt, hat den ungläubigen Zwilling in sich zur Ruhe bringen können, indem sie regelmäßig auf die Stimme ihres Herzens hört. Ich war nicht überrascht, als ich von ihr gerade in der Zeit, als mich das Erwachen des Herzens und die drei neuen Sinne sehr beschäftigten, eine meditative Übung zum Erwachen des kosmischen Herzens bekam. Der volle Wortlaut ist im Anhang aufgenommen. Solche Übungen helfen, sich selbst als lebendigen Teil des großen Körpers der Erde zu erleben. Eine tiefe und tragende Verbundenheit wird dabei erfahrbar, die Zärtlichkeit für die Erde geweckt und auch das Bedürfnis, diesen wunderbaren blauen Planeten zu schützen.

Der Text von Franziska enthält auch visionäre Elemente. Der Satz »Es gibt keine andere Wahrheit als die, die wir erschaffen« ist wichtig und mutig. Dieses Wissen, dass wir Mitschöpferinnen und Mitschöpfer Gottes sind, bricht an vielen Orten auf. Auch die schwedischen Frauen mögen diese Dimension der Gottesbeziehung gespürt haben, als sie für einen Gottesdienst folgendes umgekehrtes Schuldbekenntnis verfassten:

»Gott, ich bekenne vor Dir, dass ich keinen Glauben an meine eigenen Möglichkeiten gehabt habe; dass ich mich selbst nicht gleich viel geliebt habe wie die anderen, nicht meinen Körper, nicht mein Aussehen, nicht meine Talente, nicht meine eigene Art zu sein. Ich

---

41 Henri Nouwen: *Die Gabe der Vollendung.* Herder, S. 36 f.

habe andere mein Leben steuern lassen. Ich habe mehr auf das Urteil
anderer vertraut als auf mein eigenes.

Gott, ich bekenne, dass ich mich nicht im Maße meiner vollen Fä-
higkeiten entwickelt habe; dass ich zu feig gewesen bin, um in einer
gerechten Sache Streit zu wagen; dass ich mich gewunden habe, um
Auseinandersetzungen zu vermeiden.

Gott, ich bekenne, dass ich nicht gewagt habe zu zeigen, was ich
alles kann, nicht gewagt habe, meine Fähigkeiten zu leben.

Gott, unser Vater und Schöpfer, Jesus, unser Bruder und Erlöser,
Geist, unsere Mutter und Trösterin, vergib mir den Zweifel an mir
selbst, richte mich auf, gib mir Glauben an mich selbst und Liebe zu
mir selbst.«[42]

Diese Texte zeigen, wie Menschen ihren persönlichen Weg suchen und finden, um in das Bewusstsein hineinzuwachsen, dass
sie Mitschöpfer und Mitschöpferinnen Gottes sind. Das braucht
Mut und Hingabe an das eigene Wesen. Es braucht aber ebenso
die Bereitschaft, an dem »Diamanten«, der wir sind, zu schlei-
fen, damit er zum Strahlen kommt. Es ist für mich immer wieder berührend zu sehen, auf wie viele verschiedene Weisen der
Sinn für die Erde, der Sinn für die Menschheit und der Sinn für
den Kosmos wach werden.

Ein Segensgebet aus einer ganz anderen Tradition, nämlich
der Chinook-Indianer, weist einen weiteren Weg des Erwachens:

»Du Erde, unser Heimatplanet mit den wunderbaren Tälern und
hochragenden Gipfeln, mit der Kraft und Fülle des Lebens, wir bitten
dich: Belehre uns und zeige uns den Weg.

Ihr Wasser, welche die Erde begrenzen, die unsere Flüsse und Bäche
schwellen lassen und unsere Gärten und Felder beleben, wir bitten
euch: Belehrt uns und zeigt uns den Weg.

---

42 Lena Malgrem »Ein umgekehrtes Schuldbekenntnis«, aus einem Gottesdienst schwedischer Frauen

125

Ihr Wälder, ihr großen Bäume, die die Wolken streicheln, die in der Erde Wurzeln schlagen und die Himmel in den Zweigen tragen, wir bitten euch: Belehrt uns und zeigt uns den Weg.

Ihr unsere Vorfahren und Freunde, die das Beste für die kommenden Generationen träumten und auf deren Leben unser Leben aufbaut, in Dankbarkeit beten wir zu euch: Belehrt uns und zeigt uns den Weg.

Die erhabene Mutter Erde segne dich. Mögest du immer ein freundliches Grußwort finden für alle, denen du auf deinen Wegen begegnest. Die Erde sei weich unter deinem Leib, wenn du nach einem ermüdenden Tag auf ihr ruhst. Sie sei dir eine leichte Decke, wenn du am Ende deines Lebens unter ihr liegst. Sie beherberge dich sanft, damit deine Seele von ihr befreit, schnell davonfliegen kann auf ihrem Weg zu Gott.

Und schließlich flehen wir den großen Geist an, dessen Gegenwart und Macht wir huldigen, den Geist, dessen Liebe und Wahrheit den ganzen Kosmos durchströmen, und bitten: Bleibe bei uns, belehre uns und zeige uns den Weg.«[43]

Dieses Gebet zeugt von einem wahrhaft entwickelten kosmischen Sinn. Mögen wir von den Chinook-Indianern lernen. Mögen wir jeden Tag mit Freude den Sinn für die Erde, den Sinn für die Menschheit und den Sinn für den Kosmos bewusst weiterentwickeln – dann leben wir als Priesterinnen und Priester der kosmischen Wandlung.

43 Gebet der Chinook-Indianer; Quelle unbekannt

Anhang I –
die Weisheit in den Herzkammern

Stellen Sie sich Ihr Herz vor mit seinen verschiedenen Kammern.

* In der linken oberen Kammer ruht die folgende Botschaft für uns:
In mir schläft das Urwissen der Schöpfungsgeschichte.
»Rufst du mein Geheimnis an, so offenbare ich dir den Weg und die Gestaltwerdung des Urlichtes seit Beginn der Schöpfung bis in diese Zeit.«

* Die rechte obere Kammer unseres Herzens ist der Ort für die Botschaft:
Mein Geheimnis enthält alle Informationen über die Geschichte des Tempels in Jerusalem. In mir ruht das Bild des neuen zukünftigen Tempels, das Bild der Vollkommenheit.
»Verbindest du dich mit meiner Weisheit, so wirst du bereitet und befähigt, die Völkerwallfahrt zum Zion zu unterstützen. Der neue Tempel ist der menschliche Körper und der ganze Menschheitsleib. Durch meine Information erhältst du Grundimpulse zur Transformation in die ›neue Schöpfung‹.«

* In der linken unteren Herzkammer findet sich die Botschaft:
In mir ruht das uralte Wissen über die Weisheit deines Körpers.

»Verbindest du dich mit meinem Geheimnis, rufst du mein Wissen und meine Hilfe an, so erschließt sich dir das Wesen des Göttlichen in deinen Zellen.«

* Die rechte untere Herzkammer schließlich hält diese Botschaft für uns bereit:
  In mir ruht das Wissen über die Bestimmung der Erde.
  »Rufst du meine Hilfe an, so erschließt sich dir mein Geheimnis und du erhältst alle Weisungen, um der Erde in ihrem großen Übergang zu dienen.«

* Und im Zentrum unseres Herzens befindet sich der **sakrale Raum** (Intercordialraum) – **das Tabernakel, das Allerheiligste** in uns.

Anhang II –
Synchronisation des menschlichen Herzens
mit dem planetaren Herzen

Vorbemerkung

Dass die Menschheit – im Gegensatz zu der hohen Entwicklung des rationalen Verstandes – als Kollektiv an unterentwickelter Liebesfähigkeit leidet und dass dies massive Störungen im gesamten planetaren Ökosystem – hier Gaia genannt – verursacht, ist spätestens seit dem 20. Jahrhundert bekannt. Die Konsequenzen dieser Entwicklungsstörung sind heute für uns alle deutlich sichtbar. Wissenschaftler prophezeien eine Zunahme der Katastrophen – Flutwellen, Stürme, Dürren und Desertifikation, erhöhte Durchlässigkeit der Atmosphäre für kosmische Strahlung, das Sterben der Wälder, das Aussterben zahlreicher Tier- und Pflanzenarten etc. – in Ausmaß und Häufigkeit. Obwohl diese Störungen bereits eine bedrohliche Eigendynamik entwickelt haben, trägt die Menschheit zumindest das Potenzial in sich, diese »Krankheitssymptome« des Planeten zu mildern und im besten Fall gemeinsam mit dem Planeten zu einem neuen Gleichgewicht zu finden. Das Herz einer harmonisch funktionierenden Menschheit schlägt synchron mit Gaias Herz. Dies ist nicht wörtlich zu verstehen, sondern als Prinzip inniger Verbundenheit jedes Menschen mit dem Planeten Erde – weit über das Ausmaß hinaus, das heute im Westen gemeinhin als »Naturverbundenheit« bezeichnet wird. Mit dem synchronen Pulsschlag der Herzen ist ein völlig anderer Seinszustand der Menschen und des Planeten gemeint. Das Gaia-Prinzip ist dabei nicht personal zu verstehen, sondern als bestimmte Form der Bewusstheit, von der die menschliche einen bestimmten Ausschnitt darstellt. Gaias Herz ist kein bestimmter Ort, sondern der ganze Planet.

Einleitung zur Übung zur Synchronisation der Herzen

Wasser ist ein umfassender Wissensspeicher. Es kann sehr einfach mit Information angereichert werden und diese übertragen. Dies ist wörtlich zu verstehen. Man könnte Wasser deshalb als eine eine Art planetares (Kurzzeit-)Gedächtnis bezeichnen, das in rascher Folge umfangreiche Informationen aufnehmen, sammeln, bewahren, transportieren und weitergeben kann – und diese Information ist prinzipiell leicht abrufbar.

Wasser ist gleichzeitig das Blut der Erde. Gaias Flüsse entsprechen menschlichen Blutgefäßen. Diese Analogie ist seit Langem bekannt. In Gaias Herz fließen die großen Ströme der Erde wie das Blut in den Herzkranzgefäßen des menschlichen Herzens – beide an der Oberfläche (Herzmuskel, Erdkruste), beide in bestimmte Richtungen, beide mit einem zugehörigen weitverzweigten Netz feinster Blutgefäße bzw. Wasseradern.

Genauso wie arterielles Blut parallel zum Herzschlag durch die Koronarien pulsiert, pulsieren Gaias Wasseradern – entsprechend den Größenverhältnissen natürlich etwas langsamer. Beobachtet man die Erde im Verlauf eines Jahres und sieht zu, wie ihre Flüsse im Verlauf der Jahreszeiten entsprechend den Trocken- und Regenzeiten an- und abschwellen, kann man ihren Puls wahrnehmen. So wie die Koronarien des menschlichen Herzens Millionen von Herzmuskelzellen und das gesamte Herzgewebe ernähren, ernähren die großen Ströme der Erde Milliarden von Lebewesen, die in ihren Einzugsgebieten leben. Diese Lebewesen nehmen täglich das Wasser aus diesen Flüssen in ihren Körper auf. Es ist deshalb entscheidend, welche Informationen in diesem Wasser gespeichert sind. Denn sie haben unmittelbare Wirkung auf alles, was mit diesem Wasser in Berührung kommt.

In den kommenden Jahren wird es vor allem das Wasser sein, das auf Gaias Oberfläche Katastrophen verursacht – durch sein übermäßiges Vorhandensein, seine ungestüme Bewegung oder sein Fehlen. Um diese Symptome zu mildern, können wir versuchen – neben zahlreichen weiteren Handlungsmöglichkeiten – die in den Wasseradern gespeicherte Information bewusst zu beeinflussen. Es ist möglich, sich gedanklich/emotional direkt mit allem Wasser auf Gaia zu verbinden. Viel wirkungsvoller ist es jedoch, zuerst das eigene Herz mit Gaias Herz zu synchronisieren.

Übungsablauf

Erster Schritt: Visualisieren Sie Ihr Herz und beobachten Sie sein Pulsieren eine Weile. Werden Sie sich der ungeheuren Liebesfähigkeit bewusst, die darin verborgen ist, und lassen Sie diese Liebe frei fließen.

Zweiter Schritt: Lenken Sie den Fokus auf Ihre Koronarien (Herzkranzgefäße). Beobachten Sie innerlich eine Weile, wie sie pulsieren und den Herzmuskel mit frischem Blut und Nahrung versorgen. Werden Sie sich des Blutflusses bewusst: Das Blut, das in den Koronarien fließt, stammt aus dem Inneren des Herzens (dem linken Ventrikel). Dort, wo das frische Blut das Herz verlässt, also da, wo die Aorta entspringt, zweigen die beiden Herzkranzgefäße ab; eines verläuft zur rechten, das andere zur linken Herzhälfte, die beim Menschen vorn liegt.

Stellen Sie sich vor, wie das frische Blut aus dem Inneren des Herzens in die Koronararterien auf der Oberfläche fließt und so den Herzmuskel versorgt. Fühlen Sie den eigenen Puls, indem Sie Ihre Hand auf die Herzgegend legen, und visualisieren Sie ganz konkret, wie mit jedem Herzschlag frisches Blut aus dem Inneren Ihres Herzens in Ihre Koronarien gepumpt wird. Tun Sie dies so lange, bis der Blutfluss Ihnen vertraut ist.

Verbinden Sie sich nun mit der Mitte Ihres Herzens und der Liebesfähigkeit, die darin verborgen ist. Lassen Sie diese Liebe fließen und verfolgen Sie ihren Fluss vom Inneren des Herzens in die Koronarien an der Oberfläche, in das Herzmuskelgewebe hinein. Mit jedem Herzschlag pumpen Sie flüssige Liebe in Ihre Herzkranzgefäße. Beobachten Sie, was geschieht.

Vorsicht! Ab dem folgenden Schritt ist diese Übung nicht ungefährlich. Die Synchronisation des menschlichen und planetaren Herzens kann massive Herzbeschwerden auslösen, wie Rhythmusstörungen, Engegefühle, Atemnot und Schmerzen. Es kann sprichwörtlich herzzerreißend sein, Gaias Schmerzen zu fühlen, die durch das kollektive Leiden ihrer Lebewesen ausgelöst werden. Es kann auch seelenerschütternd sein und Tränen auslösen, sich der ungeheuren Schönheit und Zerbrechlichkeit von Gaias Wesen bewusst zu werden. Bei Vorliegen organischer Herzerkrankungen ist besondere Vorsicht angebracht! In diesem Fall sind andere Übungen sinnvoller.

Dritter Schritt: Stellen Sie sich Ihren Körper so groß vor, dass die Erde dieselbe Größe hat wie Ihr Herz. Legen Sie in Ihrer Vorstellung die Erde und Ihr Herz übereinander, sodass sie zu einer Einheit verschmelzen und in der Mitte Ihrer Brust pulsieren. Zwei Rhythmen finden sich – zwei harmonische Melodien in unterschiedlicher Tonhöhe. Beobachten Sie, was geschieht.

Vierter Schritt: Jeder Fluss hat ein eigenes Wesen. Betrachten Sie auf der Weltkarte, wie die unten genannten Flüsse verlaufen und wo ihre Quellen liegen. Die Quellen liegen im Inneren der Erde – genau wie beim menschlichen Herzen fließt das Wasser aus Gaias Innerem zur Erdoberfläche. Durch die Regenfälle im Verlauf der Jahreszeiten bekommen die Flüsse ihren Pulsschlag.

Lenken Sie Ihre Aufmerksamkeit auf Gaia und ihre Wasseradern. Betrachten Sie stellvertretend für alle Flüsse die folgenden sechs Ströme:

* den Amazonas, fruchtbare Mutter Südamerikas;
* den stolzen Nil in Afrika;
* den Indus in Indien und Pakistan;
* den Ob im kühlen Sibirien, der den Geist des Altai-Gebirges in sich trägt;
* den Mekong, Lebensader von Birma, China, Kambodscha, Laos, Thailand und Vietnam;
* den Amur im fernen Osten, der China, Russland und die Mongolei verbindet.

Verschmelzen Sie nun die Mitte Ihres Herzens mit Gaias Mitte. Mit jedem Ihrer Herzschläge pumpen Sie (und Gaia) jetzt Liebe in die Adern – in Ihre eigenen und in die Adern Gaias. Wärme, Freude und Leichtigkeit strömen aus dem Inneren Ihres Herzens in Ihre Koronarien und fließen aus Gaias Innerem in die großen Ströme der Erde.

Visualisieren Sie wieder den Herzschlag der Flüsse, die mit den Jahreszeiten an- und abschwellen. Schauen Sie dabei zu, wie die Schwingung der Liebe mit den Flüssen ins Meer fließt und sich dort zu verteilen beginnt – mit jedem Ihrer Herzschläge beginnen Sie, die Weltmeere mit Liebe zu füllen. Sehen Sie die erleichterte Freude, mit der die Meereslebewesen dies begrüßen! Sehen Sie, wie alle Lebewesen, die in den Einzugsgebieten der Flüsse leben, diese Information in ihren Körper aufnehmen, indem sie es trinken, sich damit waschen, ihre Gärten und Felder damit bewässern. Sie sind mitverantwortlich dafür, welche Information dieses Wasser trägt, ganz besonders für das Wasser der Flüsse in der Gegend, in der Sie leben.

Fünfter Schritt: Sehen Sie zu, wie die Meere durch die Wärme des Sonnenlichts ihren mit Liebe getränkten Wasserdunst in die Atmosphäre schicken und Gaias Herz damit auch die obersten Wolkenschichten erreicht. Die Wolken werden mit dem Wind hinweggetrieben und entleeren sich als Regengüsse und Schneefälle über den Kontinenten und Meeren. Lebendiges, frisches Wasser regnet auf die Wälder, Seen, Ebenen, Gebirge, Städte, Wüsten, Steppen, Felder, Dörfer und Städte. Schließen Sie den Kreis. Damit schließt sich auch Gaias Kreislauf.

Sechster Schritt: Stellen Sie sich einen Fluss und/oder See in der Gegend vor, in der Sie wohnen, und heiligen Sie sein Wasser auf diese Weise, immer wieder neu. Herzenskraft ist universal, unabhängig von Kultur, Bildungsstand oder Lebensalter. Niemand ist zu unfähig oder unbedeutend für diese Übung. Es gibt keine andere Wahrheit als die, die wir selbst kontinuierlich erschaffen. Unsere Welt wird so sein, wie wir sie sehen, bearbeiten und kreieren.[44]

---

44 Unveröffentlichter Text von Franziska Bolt, 2008

Priesterin des Alltags

von *Anna Gamma*

*Anna Gamma, Dr. phil., ist Psychologin,
autorisierte Zen-Meisterin, Mitglied des Katharina-Werks
und Mitgründerin des Meditationszentrums
Offener Kreis in Luzern. Sie entwickelte mehrere Lehrgänge
für Führungskräfte zur Förderung des ganzheitlichen
Bewusstseins. Sie ist Autorin mehrerer Bücher.*

Eine Berufung reift

Helle, klare Kirchenglocken rufen jeden Tag zum Gottesdienst, laden Kursteilnehmende und Mitarbeitende zur Eucharistie ein. Mehrere Jahre habe ich hier gearbeitet und zeitweise auch gewohnt, im Lassalle-Haus Bad Schönbrunn in Edlibach. Das Bildungshaus wird von Jesuiten geleitet. Immer wieder staune ich, mit welcher Offenheit in diesem Haus der ökumenische und interreligiöse Dialog gepflegt wird. So liegt der buddhistische Meditationsraum nur ein paar Treppenstufen von der großen Kapelle entfernt, in der nicht nur protestantische Pfarrerinnen und Pfarrer Gottesdienste feiern, sondern auch interreligiöse Liturgien, ja sogar buddhistische Rituale stattfinden dürfen.

Trotz dieser großzügigen Gastfreundschaft und den freundschaftlich geprägten Beziehungen zu den Leitern des Hauses war die patriarchale Struktur immer wieder zu spüren. Im Rückblick auf diese Zeit bin ich dankbar, dass ich die Aufgabenteilung zwischen Mann und Frau im Patriarchat nochmals so deutlich miterleben konnte. »An der Front« und in der Öffentlichkeit sichtbar stehen fast ausschließlich priesterliche Männer, während Laien, vorwiegend Frauen, im Hintergrund wirken. Diese Aufgabenteilung zwischen Mann und Frau ist sehr alt. Eine These von Kulturanthropologen scheint mir unmittelbar einleuchtend.[45] Sie machen ihr Entstehen im Übergang von der Gartenbaukultur zur Ackerbaukultur fest. Sie diente ursprüng-

---

45 Vgl. Ken Wilber: *Vom Tier zu den Göttern*, S. 152 ff.

lich der Arterhaltung des Menschen, denn im Garten konnten schwangere Frauen ohne Probleme mit der Hacke arbeiten. Doch beim Führen des Pfluges riskierten sie eine Fehlgeburt. Um den Fortbestand des menschlichen Lebens nicht zu gefährden, fingen die Frauen in dieser Zeit an, sich vorwiegend um Hof und Kinder zu kümmern, während die Männer die Nahrungsbeschaffung sicherten. Später weitete sich der Tätigkeitsbereich der Männer in den ganzen öffentlichen Raum aus, in Politik, Religion, Wissenschaft und Kunst. Diese Aufgabenteilung war sehr erfolgreich. Die Menschen entwickelten sich zu großen Stämmen, Stadtstaaten und Nationen. Die Erfindung der Dampfmaschine und weitere Neuerungen im Zuge der industriellen Revolution leiteten in vieler Hinsicht eine neue Zeit ein, ganz bestimmt auch im Verhältnis der Geschlechter zueinander. Die Muskelkraft des Mannes war nicht länger unbedingt notwendig, davon hatte ihn die Maschine bis zu einem gewissen Maß befreit. Interessanterweise begann sich gleichzeitig mit der Industrialisierung die erste Frauenbewegung zu formieren.

Vieles hat sich seither verändert. Frauen »eroberten« sozusagen den öffentlichen Raum in Wissenschaft, Kunst, Politik und Wirtschaft, und vereinzelt können sogar Hausmänner ausgemacht werden. Doch die traditionellen Rollen und Machtstrukturen halten sich vielerorts noch sehr hartnäckig. Sie sitzen tief verwurzelt in der Psyche von Mann und Frau, scheinen Sicherheit, Halt und innere wie äußere Ordnung zu garantieren. Dieser Blick in die Vergangenheit der Menschheitsfamilie half mir, ein tieferes Verständnis für die heutige Situation zu entwickeln. Dennoch löste das tägliche Konfrontiertsein mit den traditionellen Machtstrukturen der katholischen Kirche verschiedene Reaktionen in mir aus. Ich durchlebte Phasen des Kampfes, der Wut und Trauer, der Enttäuschung und der resignativen Arroganz und Distanzierung. Ein Gedicht von Dorothée Braun fasst mein Ringen zusammen und deutet zugleich einen Ausweg an:

Kalt bist du
und nacht und ohne erbarmen
ich werde enttäuschen
sie werden mich ächten
und den kopf schütteln
hinter meinem rücken
ich pflücke verdorrte blumen
verdorrte blumen!

dabei geht dein ganzes leben verloren
ein ganzes leben

was soll schon bleiben, großer Buddha?
Ein Lächeln
eine kleine Wildrose
ein gelungenes Wort [46]

Neben all dem inneren Widerstreit nahm ich eine andere Stimme in mir wahr: Erst leise, dann immer drängender meldete sich der Impuls, aufzubrechen und nach neuen Wegen zu suchen, ganz besonders, was Amt und Aufgabe des Priesters betrifft. In meinem Suchen setzte ich fort, was ich in der Erneuerung des Katharina-Werks als große Befreiung auf meinem spirituellen Weg erfahren hatte. Mit knapp dreißig Jahren war ich in dieses Säkularinstitut eingetreten. Damals steckte es mitten in einem tief greifenden Transformationsprozess. Unter der Leitung von Pia Gyger wandelte sich die klösterliche Frauengemeinschaft in eine ökumenische Gemeinschaft von Frauen und Männern, Ehepaaren und zölibatär Lebenden mit interreligiöser Ausrichtung. Damit nahm sie den päpstlichen Auftrag an Säkularinstitute auf, Forschungslaboratorium für das Verhältnis von Kirche und Welt zu sein. Diese Erneuerungsbewegung forderte all

---

46 Unveröffentlichtes Gedicht von Dorothée Braun

unsere Kräfte, vor allem den Willen zur Versöhnung, denn die Änderungen waren zeitweise mit massiven Konflikten verbunden; es flossen Tränen der Wut, aber auch der Freude, wenn ein neues Miteinander gelang. Das gemeinsame Beten, insbesondere aber die Schweigemeditationen halfen uns, die inneren Zerwürfnisse zu überwinden und neuen Boden für die nächsten Schritte zu gewinnen.

Gleichzeitig herrschte eine lebendige Aufbruchstimmung. Sie war ein ausgezeichneter Nährboden für verschiedene größere und kleinere Projekte. So waren wir damals schon überzeugt, dass es im Zuge der immer stärker werdenden Migrationsbewegung Orte braucht, wo die interreligiöse und interkulturelle Begegnung eingeübt werden kann, beispielsweise im Zentrum, in dem ich heute lebe. Unsere Theologinnen und Theologen diskutierten leidenschaftlich über die Stellung der Frau in der Kirche. Ich engagierte mich jedoch nie wirklich, da ich mich nicht zum kirchlichen Dienst berufen fühlte. Mehr Aufmerksamkeit schenkte ich den Treffen, in denen es grundsätzlich um Gleichberechtigung und Partnerschaft zwischen den Geschlechtern, aber auch innerhalb der christlichen Konfessionen und den verschiedenen Religionsgemeinschaften sowie zwischen den Laien und den von der Kirche Ordinierten ging.

Ermutigt, Neues zu wagen, wurde ich nicht zuletzt durch die Verbindung mit den Frauen, mit denen ich dieses Buch schrieb. Sabine Lichtenfels, Annette Kaiser und Pia Gyger folgen in einer berührenden Radikalität der Stimme ihres Herzens, die sie immer wieder aufruft, ausgetrampelte Pfade zu verlassen und Neuland zu betreten. Durch Gespräche mit Pia Gyger, insbesondere durch die vertiefte Beschäftigung mit ihrem Buch »Hört die Stimme des Herzens. Werdet Priesterinnen und Priester der kosmischen Wandlung«, bekam alsdann meine innere Auseinandersetzung eine neue Färbung. Die schmerzliche Erfahrung, dass Frauen in ihrer Berufung zur Priesterin in der katholischen Kirche keinen Platz haben, sollte fruchtbar werden. Ich begann, neue Räume zu betreten, das Priestersein neu zu buchstabieren, neue Ausdrucksformen zu finden und alte wiederzuentdecken. In diesem dynamischen Prozess entdeckte ich meine Berufung zur Priesterin des Alltags, die sich deutlich von dem uns so vertrauten Verständnis des Amtspriesters unterscheidet.

Rückblickend nehme ich überrascht und zugleich tief dankbar wahr, dass die Bejahung meiner Berufung zur Priesterin auch ein Weg der Versöhnung mit der institutionellen Kirche war. Nicht zuletzt haben mir die freundschaftlichen Gespräche mit den in patriarchalen Strukturen mehr oder weniger eingebundenen Jesuiten geholfen, indem sie mich herausforderten, nicht in Kränkung und Anklage stecken zu bleiben, sondern den Schmerz als Rohstoff und Dünger zu nutzen und Neues zu wagen. Erst einmal galt es für mich, das Priestersein per se zu verstehen. Wann und warum wurde dieses Amt als Dienst an und in einer Gemeinschaft entwickelt? Gibt es da möglicherweise religionsübergreifende Strukturelemente? Ich wurde bald fündig in Arbeiten von Kulturanthropologen, in verschiedenen prophetischen Texten der Bibel und im Leben von Teilhard de Chardin.

Ein Blick zurück

Der Blick zurück in die Menschheitsgeschichte zeigt, dass der priesterliche Dienst sich als eine der ersten Differenzierungen aus dem Wir einer Gemeinschaft herausbildete. Er tauchte erstmals in den frühen Stammeskulturen auf, wo ein Mann oder auch eine Frau die Aufgabe hatte, für die Gemeinschaft Brücke zu sein zwischen Diesseits und Jenseits, zwischen Mensch und Gottheit, zwischen der Stammesgemeinschaft und den feinstofflichen Welten. Diese Menschen lebten in Verbundenheit mit dem Ursprung und in Einheit mit der Urordnung der Schöpfung. Dieses Eingewobensein, ihre All-Verbundenheit verlieh ihrem Tun und Wirken große Macht. Gestaltend griffen sie in Naturgeschehen und Entstehungsprozesse von Menschen ein: Sie verwandelten, heilten und segneten. Im Laufe der Geschichte büßte das Priesteramt in der Gesellschaft immer mehr von seiner Vormachtstellung ein. Andere Führungsstrukturen bildeten sich heraus. Zunächst übernahm über lange Zeit ein König oder Fürst die zentrale Stellung im Volk. Seit der Französischen Revolution wird auch diese gesellschaftliche Organisationsform, zumindest in der westlichen Kultur, nach und nach von demokratisch gewählten Präsidenten abgelöst.

Die Gestaltungskraft des Priestertums ist jedoch immer noch wirkmächtig. Was in ursprünglichen Gesellschaften einzelnen Menschen als Berufung und Aufgabe zugesprochen wurde, ruht heute als Archetyp, und damit als Potenzial, in jeder menschlichen Seele. Dieser innere Reichtum, die Fähigkeit, Erde und Himmel nicht nur in sich zu verbinden, sondern sie als Gabe in die Gemeinschaft einzubringen, ist jedem Menschen, ob Mann oder Frau, als Lebensaufgabe mitgegeben. Es ist an uns, dieses Potenzial jeweils neu in jedes Leben und jede Zeitsituation hinein umzusetzen. Im Befreien und Entwickeln dieser Begabung in uns liegt meines Erachtens eine Kraft, die für die friedvolle Weiterentwicklung der Menschheit unbedingt notwendig ist.

Es ist Zeit, dass wir das endlich ernst nehmen und dafür offen werden, was Petrus, der zweite große Priester in der Geschichte des Christentums, in seinem ersten Brief an die Gemeinden in Kleinasien geschrieben hat.

»Ihr seid ein auserwähltes Geschlecht, eine königliche Priesterschaft ...«

Diese Anerkennung im ersten Brief des Petrus (1. Pet. 2, 9) ist zugleich Verheißung und, wie so viele andere Botschaften der Heiligen Schrift, in der langen Geschichte des Christentums noch kaum verwirklicht worden. Ihre Realisierung steht uns erst bevor.

Mir persönlich half dieser kurze Text, zunächst einmal Bruchlinien in meiner eigenen Geschichte zu verstehen und in einer Weise damit umzugehen, dass daraus Impulse zur Gestaltung meines heutigen Lebens gewachsen sind. Denn jede menschliche Entwicklung und Reifung folgt dieser grundlegenden Dynamik: Nur wenn wir die Berührung mit Brüchen im eigenen Leben, mit Verletzungen und Scheitern nicht scheuen, kann sich aus dem Gebrochenen Neues entfalten. In der jüdischen Weisheitstradition wird dieses innere Wissen in einem kurzen und prägnanten Spruch verdichtet: »Nur ein gebrochenes Herz ist ein ganzes Herz.« Auch in der Eucharistie, dem Abendmahl, werden wir daran erinnert, was wesentlich zu unserem Leben gehört. Das Brot muss gebrochen werden, damit es für alle zur Nahrung werden kann.

Im Alltag werden wir immer wieder aufgebrochen, und zwar nicht nur, wenn »große« Ereignisse uns treffen, etwa ein Unfall, eine schwere Krankheit oder der plötzliche Tod eines nahen Menschen. Oft gestaltet sich einfach der Tag nicht so, wie wir es uns wünschen und sorgsam geplant haben. Manchmal sind wir enttäuscht über uns selber; manchmal ärgern wir uns über die anderen, die unsere Planung durcheinandergebracht haben; dann wiederum fühlen wir uns verletzt oder ungerecht behandelt. Lernen wir in solchen Momenten, von ganzem Herzen vorbehaltlos Ja zu sagen, werden wir aufgebrochen und von Blockaden befreit. Das Ja hilft uns, ganz in der Gegenwart anzukommen, uns zu lösen von unerfüllten Erwartungen, die bloß

Enttäuschungen hinterlassen. Das Ja lässt uns den einzig wirklich kostbaren Moment erleben, den jetzigen Augenblick, das ewige Jetzt.

In unmittelbarem Zusammenhang mit dem ewigen Jetzt steht ein Text aus dem 20. Jahrhundert. Teilhard de Chardin, ein moderner Mystiker und namhafter Naturwissenschaftler, hat ihn geschrieben.

Wandlung ist Segen

Auf seinen ausgedehnten Forschungsreisen als Paläontologe in den Wüsten von China fehlte Teilhard zum Feiern der Messe meistens Brot und Wein. Diese Notsituation machte ihn erfinderisch. So betete er: *»Über alles Leben, das an diesem Tage keimen, wachsen, blühen und reifen wird, sage neu: ›Dies ist mein Leib.‹ – Und über allen Tod, der sich zu zerfressen, zu welken, zu scheiden anschickt, befiehl: ›Dies ist mein Blut!‹«*

Teilhard de Chardins Feier in der Wüste ohne die traditionellen Opfergaben wurde zur Messe über die Welt: Nicht mehr Brot und Wein, sondern die Erde und mit ihr das ganze Universum wurden für ihn zu einer Opfergabe und zugleich zum Altar. Indem die priesterlichen Wandlungsworte über den großen kosmischen Körper gesprochen werden, leuchtet die göttliche Gegenwart im ganzen Universum auf. Im kreativen Umgang mit dem Mangel wurde er zum Pionier, zum ersten Priester der kosmischen Wandlung.

Teilhard de Chardins mutiges Verhalten als Mystiker und begnadeter Mensch, sein naturwissenschaftlicher Blick in die Geschichte des Universums und seine visionäre Sicht der Zukunft der Menschheit führten mich in ein neues Verständnis des Priestertums ein. Endlich fand ich eine Spur, in der ich meine eigene priesterliche Berufung leben und entfalten konnte. Teilhard de Chardin inspiriert mich, es ihm gleichzutun und über alle Veränderungsprozesse, mit denen ich täglich konfrontiert bin, das Wandlungsgebet zu sprechen – über Prozesse, die ins Wachsen führen, »*dies ist mein Leib*«, und über jene, die von mir die Bereitschaft fordern, loszulassen und abzugeben, »*dies ist mein Blut*«. Damit wird jede Wandlung, jede Transformation, auch im kleinen Alltag, gesegnet und im Leib Christi, der das ganze Universum umfasst und durchdringt, aufgehoben. Dieses priesterliche Wandlungsgebet kann uns täglich begleiten. Es stärkt uns, schenkt unserem Leben Sinn und Tiefe.

Pia Gyger, die Teilhard de Chardin als einen ihrer wichtigsten Lehrer bezeichnet, obwohl sie ihn nie persönlich kennengelernt hat, formulierte in seinem Sinne ein Gebet, das mir im Lauf der Jahre ans Herz gewachsen ist:
»*Universaler Christus, Du, der Du das Leben in mir bist, das mich zur Grenzerweiterung meines Herzens treibt, Dir übergebe ich mein kleines, ängstliches und egozentrisches Ich. Verbrenne es in Deiner Liebe, damit ich fähig werde, aus Deinem >ICH BIN< zu leben. Wandle meine Widerstände in jene totale Hingabe, in der ich erkenne, dass Dein ICH BIN mein ICH BIN ist.*«

Menschen, die dem Christentum nicht ganz so nahestehen, weil sie damit nicht vertraut sind oder damit gebrochen haben, mögen mit folgendem Gebet den Tag beginnen: »*Ich segne meinen Körper, meine Seele und meinen Geist. Ich segne alle Menschen, denen ich heute begegnen werde. Ich segne die Erde, die Menschheit und das ganze Universum.*« Im Segnen liegt eine Kraft, die allem Gebrochenen und Verletzten die verlorene Würde wieder zurückgibt.

Ein heiter-ernstes Spiel

Bevor die Vermächtnisse von Petrus und Teilhard de Chardin in meinem Leben umfassend fruchtbar werden konnten, hatte ich einen langen Weg zu gehen. Angefangen in Widnau, dem Dorf meiner Kindheit und einem kleinen Universum für sich. Eingebettet in die regelmäßig wiederkehrenden Feste im katholischen Kirchenjahr, an denen sich die ganze Dorfgemeinschaft beteiligte, fühlte ich mich geborgen und aufgehoben in einem größeren, organischen Ganzen. Die feierlichen Prozessionen durch das Dorf und die festlichen Gottesdienste in der Kirche inspirierten zum kindlich ernsten Spiel. In meiner Geschwisterschar schaffte ich es jedoch nur zur Messdienerin. Die Rolle des Priesters besetzten andere, meist einer meiner Brüder. Das Amt des Messdieners bedeutete für mich damals trotzdem einen »Karrieresprung«, denn Mädchen hatten zu jener Zeit noch nichts im Altarraum verloren. Wenn schon, dann wollte ich sowieso gleich Päpstin werden. Der Papst war für mich eine faszinierende Gestalt. Er musste ein mächtiger Zauberkünstler sein, denn vor Ostern flogen die Kirchenglocken in sein Reich und kehrten in der Osterliturgie auf geheimnisvolle Weise wieder zurück. Er wurde geachtet und geehrt. Sein Leben und Wirken hatte im katholischen Dorf Einfluss bis in unser Ballspiel hinein, zu dem ich mich so oft wie möglich mit den Kindern aus der Nachbarschaft traf. Als Johannes XXIII. starb, durften wir nicht mehr weiterspielen, wir hatten still zu sein und seinem Tod Respekt zu erweisen. Uns gefiel das ganz und gar nicht. Ich war mehr als nur verärgert und ging zum ersten Mal auf Distanz. Der Gedanke, Päpstin zu werden, verlor an Attraktivität.

Viele Jahre später konnte ich mich der Faszination, die vom Papst ausgeht, nicht mehr entziehen. Auf dem Weg zu meinem jährlichen Aufenthalt in Ibayo, einem Slum am Stadtrand von Manila, war ich mit einer Gruppe Jugendlicher zu einem Weltjugendtreffen gereist, zu dem der Papst alle vier Jahre junge

Menschen aus aller Welt einlädt. Das »Papstfieber« der Jugendlichen erfasste auch mich und verwirrte mich gleichzeitig. Es drängte mich, die innere Dynamik der Kraft zu verstehen, mit der dieser Mann mich in Bann zog. Die Psychologin in mir fand bald eine Deutung: Der Papst verkörpert in einzigartiger Weise den Archetyp des Priesterkönigs. Er ist der letzte lebende Vertreter, der als höchster Priester der weltweiten katholischen Kirche und Herr des Vatikans zugleich einem Reich, wenn auch von bescheidener Größe, vorsteht. C. G. Jung hat die Dynamik der Archetypen, ihren Einfluss auf die Selbstwahrnehmung und die Beziehungsgestaltung eingehend beschrieben. Solange wir die seelischen Urbilder auf andere Menschen projizieren und nicht als eigene Seelenanteile erkennen und integrieren, üben diese eine magische Anziehung auf uns aus, die bei irgendeiner Gelegenheit, meist aus unscheinbarem äußerem Anlass, in eine unreflektierte, undifferenzierte Ablehnung kippen kann. Beide Tendenzen nahm ich in mir wahr. Der Papst löste in mir Überhöhung und fast gleichzeitig arrogante Distanzierung aus.

Ich erzählte den Jugendlichen von meiner inneren Auseinandersetzung und meinem Wunsch, dem Archetyp der Priesterkönigin in mir Raum zu geben. Die Jugendlichen verstanden schnell. Auch sie wollten sich auf diese innere Entdeckungsreise einlassen. In einer meditativen Übung öffneten wir uns für den Priesterkönig, die Priesterkönigin in uns und verließen dann in dieser Haltung das Hotel. Auf dem Weg zum abendlichen Treffen im Park an der Manila Bay kamen wir zum Highway, auf dem der Papst in seinem Papamobil vorbeifahren sollte. Die Straße war selbstverständlich abgesperrt, und viele Schaulustige säumten sie links und rechts. Ich schlug vor, eine Weile in der Mitte der Straße zu gehen und das königlich-priesterliche Grüßen zu praktizieren. Was daraufhin geschah, war wie ein kleiner Zauber, der vielleicht nur auf den Philippinen so möglich ist. Die Menschen schienen unser Experiment zu verstehen und winkten uns begeistert zu. Sogar die Sicherheitskräfte hatten ihren Spaß an unserem ernst-heiteren Spiel. Kurz nachdem wir uns wieder in die wartende Menge gemischt hatten, fuhr der Papst an uns vorbei. Seit dieser Erfahrung hat für mich nicht nur der Papst, sondern auch jeder andere geistliche Führer, wie etwa der Dalai Lama, menschlichere Züge angenommen.

Schöpfungsspiritualität

Die Auseinandersetzung mit der Rolle des Priesters in der katholischen Kirche war nicht weniger ambivalent. Mein Platz in der Kirche fühlte sich bis zur Pubertät stimmig an, doch danach änderte sich meine Einstellung radikal. Zum ersten Mal bäumte sich in mir eine Kraft auf, die sich gegen die Dominanz der Gott geweihten Männer im Altarraum auflehnte. Das vorkonziliare Wechselspiel zwischen Priester und Gemeinde im Gottesdienst – am Altar der Priester als machtvoller Stellvertreter Christi und im Kirchenschiff die Gemeinde, die keine eigenständige Stimme hat – war mir unerträglich. Ich wollte mitreden und mitgestalten. Aber die jugendliche Aufbruchsstimmung hatte in dieser Kirche keinen Raum. Jedes Gefühl für die Heiligkeit der Schöpfung war suspekt. Ich erlebte mich als zutiefst unverstanden, wenn ich erzählte, dass ich Gott in der Natur oft näher erlebte als während der sonntäglichen Gottesdienste.

Champagner in den adern
und diese lichterlohe lust
zu lachen wie ein verrückter
Gott oder Buddha
aufbrechen wie eine magnolie
sonnengischt sein
oder ein hauch
über der tiefsee[47]

---

47 Unveröffentlichtes Gedicht von Dorothée Braun

Hätte ich damals den Text von Petrus gekannt, »Ihr seid ein auserwähltes Geschlecht, eine königliche Priesterschaft ...«, hätte ich einen starken Verbündeten in den Auseinandersetzungen mit Priestern, Vater, Religionslehrern und der Kirche an meiner Seite gehabt.

Während des Psychologiestudiums zog ich dann endlich die Konsequenzen, trat aus der Kirche aus und wurde zur erklärten Atheistin. Psychologie und Philosophie standen im Zentrum meiner Interessen. Die Phase der Distanz zur Kirche dauerte ein paar Jahre. Doch dann, gegen Ende meines Doktorats, bekam meine kritisch ablehnende Haltung durch die Freundschaft mit Pia Gyger deutliche Risse. Pia zeigte mir eine vollkommen neue Sicht auf Welt und Menschen. Sie war beseelt von der Liebe zum universalen Christus, den schon Paulus leidenschaftlich verkündete und den Teilhard de Chardin nicht minder leidenschaftlich in einer neuen, zeitgemäßen Sprache pries. Endlich fand die in den Jugendjahren aufgekeimte Schöpfungsspiritualität ihren Platz.

Seit Anbeginn der Schöpfung gebiert Christus seinen mystischen Leib, alle Lebewesen, ja das ganze Universum entfaltend und weiterentwickelnd. Seit dem Urknall bis heute ist er in seiner kosmischen Größe gegenwärtig, alle Wirklichkeiten, auch die feinstofflichen in sich tragend. In seiner eucharistischen Dimension schließt Christus jede Wandlung mit ein, jedes Geborenwerden und alles Sterben. Freud und Leid, Mitgefühl und Solidarität, aber auch Bosheit und Ungerechtigkeit sind in IHM aufgehoben. Aufgrund dieser Erkenntnis begann ich zu verstehen, dass der Priester am Altar nicht nur der Stellvertreter Christi ist, sondern dass er die Wandlungsworte im Namen der Gottheit auch als Stellvertreter der Gemeinde spricht. Dieses erweiterte Verständnis des Priesteramtes versöhnte mich; ich schloss innerlich Frieden mit der Kirche, denn ich war eingeladen, wortlos und dennoch aktiv am zentralen Geschehen beteiligt zu sein. Von ganzem Herzen betete und feierte ich in den

Gottesdiensten und sprach die Wandlungsworte über Brot und Wein innerlich mit dem Priester mit. Ich war frei und nicht mehr länger abhängig davon, ob er mich mit seinen Gebeten oder seiner Predigt berühren konnte. Ich wurde Teil eines großen Geschehens, jenseits der Geschlechterfrage, jenseits von Raum, Zeit und Sprache. Die Wüstenwanderung hatte endlich ein Ende gefunden.

Von Ibayo zum Lassalle-Institut

Der einfache, innere Frieden, in dem ich, ausgesöhnt mit der traditionellen Priesterrolle, eine Zeit lang lebte, wurde schließlich von einer langsam wachsenden Unzufriedenheit abgelöst. Ich fand mich auf meiner Lebensspirale wieder an dem Ort vor, den ich aus meiner Jugend bereits kannte. Wieder erlebte ich mich als am Rand stehend, stieß mich zunehmend am herkömmlichen Priesterverständnis und an der Alltagsferne der liturgischen Sprache in den meisten Gebeten und Predigten. Mit Enttäuschung und Schmerz musste ich mir eingestehen, dass die Messfeiern mich auf dem geistigen und geistlichen Weg kaum noch nährten. So wie seinerzeit aus der Kirche auszutreten, kam jedoch nicht mehr infrage; ich war Teil von ihr geworden und konnte sie nicht verlassen, ohne dass ich Wesentliches abgeschnitten hätte. Das Teilen von Brot und Wein als Zeichen der Einheit mit *Ihm*, dem Urgrund allen Lebens, und als Teilhabe an der immerwährenden Transformation in seinen auferstandenen Weltleib hinein, aber auch die Feier der Gemeinschaft mit Seelengeschwistern wollte ich nicht mehr missen. Offenbar stand ein nächster Emanzipationsschritt an. Ich musste für mich neue Wege finden und lernen, den priesterlichen Dienst nicht länger an Gott geweihte Männer zu delegieren, sondern als eigene Aufgabe anzunehmen und Schritt für Schritt in meinen persönlichen Alltag zu integrieren. Um den zentralen Schritt vorwegzunehmen: In *Seinem* Namen und in *Seiner* Macht zu wandeln, zu heilen und zu segnen, sollte zur täglichen Praxis werden. Je selbstverständlicher ich in diese Aufgabe und Verheißung hineinwachse, desto mehr weiß ich auch die über Jahrhunderte gewachsene Tradition der Eucharistiefeier wieder zu schätzen, den Priester am Altar zu ehren und zu würdigen. Doch alles schön der Reihe nach.

Ich war inzwischen Mitte vierzig geworden. Damals leitete ich im Appenzellerland ein Bildungshaus meiner Gemeinschaft, des Katharina-Werks. Daneben lebte ich jedes Jahr in der Weihnachtszeit mehrere Wochen lang in Ibayo, einem Slum am Rande von Manila. In dieser von Pia Gyger gegründeten spirituell-politischen Schule in dem philippinischen Slum lernte ich im Laufe der Zeit, mit den Augen der materiell Armen die Entwicklung der Menschheit auf unserem Planeten zu betrachten. Die unschuldig tiefgründigen Augen der hungernden Kinder in den Gassen rüttelten mich auf. Ich erkannte, dass qualifizierte Bildungsprogramme allein nicht genügen würden, diese Kinder aus ihrem Elend zu befreien und ihnen eine menschenwürdige Zukunft zu ermöglichen. Ohne Änderung der Weltwirtschaftsstrukturen wird sich die Lebenssituation von Milliarden Menschen, die unter dem Existenzminimum leben müssen, niemals grundlegend verbessern. Das Leben in dieser Armut ist einfach ein Skandal, der, wie so viele Ungerechtigkeiten auf unserem Planeten, aus dem Tagesbewusstsein verdrängt wird, weil die Tatsache auf die Dauer schlicht unerträglich ist und wir ob der schieren Größe des Problems in Ohnmacht und Zynismus zu versinken drohen. Die Kinderaugen ließen mich nicht los, und plötzlich brach in einer Stunde, als ich mit Freunden von einem Ausflug zurückkam und die Millionenstadt Manila im Smog versunken sah, das ganze Elend der Ungerechtigkeit über mich herein. Wie ein Tsunami erschütterten mich Wellen von Tränen, die ich nicht kontrollieren konnte. Ich fand erst wieder sicheren Boden unter den Füßen, als ich den Menschen in Ibayo innerlich versprach, an dem dringend notwendigen Strukturwandel mitzuwirken.

So war es für mich ein Glücksfall, als Niklaus Brantschen und Pia Gyger 1995 das Lassalle-Institut (damals hieß es noch »Institut zur spirituellen Bewusstseinsentwicklung in Wirtschaft und Politik«) gründeten und mich zur Mitarbeit einluden. Sie hatten sich zum Ziel gesetzt, Menschen nicht nur in persönlichen Transformationsprozessen zu begleiten, sondern auch eine Plattform aufzubauen, die dem strukturellen Wandel auf der institutionellen und globalen Ebene dient. Aus spiritueller Sicht hatte ich inzwischen gelernt, dass jede Hingabe an einen Wandlungsprozess priesterlicher Dienst ist. Dies trifft in einem besonderen Masse auch auf ein Projekt dieser Größenordnung zu. Der Menschheit und der Erde verpflichtet, wird es von einer Gemeinschaft priesterlicher Menschen getragen und vorangetrieben. Denn die neue strukturelle Ordnung kann nur von Menschen gefunden werden, die jeden Tag den Einklang mit der Urordnung der Evolution suchen und bereit sind, sich für das große Ganze zu öffnen. Sie werden die Menschheit als Körper verstehen lernen, in dem die Individuen so kooperieren wie die Organe in einem gesunden menschlichen Körper. Im Kontext dieser Aufgabe fragte ich mich: Kann es sein, dass die Einladung von Petrus bis in die heutige Zeit wirkt? Ist es so, dass wir eine heilige Priesterschaft, Priesterinnen und Priester, sind, die aus der Verbundenheit mit dem Urgrund allen Lebens Inspiration und Gestaltungsmacht für die wachsende Weltgemeinschaft gewinnt?

Lichtheilung – ein Weg zum Frieden

Einen der wohl stärksten Impulse auf meinem Weg zur Berufung als priesterliche Frau im Sinne der Botschaft des Petrus *»... damit ihr die großen Taten dessen verkündet, der euch aus der Finsternis in sein wunderbares Licht gerufen hat«* (1. Pet. 2, 9b) verdanke ich Bernie Glassman Roshi, einem amerikanischen Zen-Meister polnisch-jüdischer Herkunft, der mich 1996 zum ersten Auschwitz-Retreat einlud. Spontan sagte ich Ja, denn ich wusste ganz klar, dass ich daran teilnehmen sollte. In der Vorbereitung auf diese Reise, insbesondere in den langen Stunden des intensiven Schweigens während der Meditationskurse, öffnete sich in mir das Tor zum kollektiven Körper der Menschheit. Ich wurde buchstäblich überflutet von kollektiven Erinnerungen aus der Zeit des Zweiten Weltkrieges. In diesen Stunden war mir, als liege ich selbst in einer der Frauenbaracken eines Konzentrationslagers, hungernd und voller Angst, Not und Schrecken, die sich in meine Knochen fraßen. Dann sah ich mich aber ebenso auf der Seite der Täter, erfüllt von sadistischer Lust, die sich an der Angst und den Schmerzen der Opfer weidete. Auch den Lagergehilfen, der fraglos die Befehle ausführte, fand ich in mir. Er war einfach nur gehorsam, hatte kein Gespür für das Leiden, das er mitverursachte, und kannte deshalb auch keine Schuldgefühle.

Diese Erfahrungen lösten bei mir große Not und Panik aus. Einerseits waren die Bilder und Gefühle so lebendig, als würde alles im gegenwärtigen Augenblick geschehen. Anderseits stellte sich mir die dringende Frage: Wer ist dieses Ich, das diese ich-entgrenzenden Erfahrungen macht? Mein vertrautes Selbst- und Weltbild kam radikal durcheinander. Und obwohl ich mit Bestimmtheit wusste, dass Auschwitz mich rief, fragte ich mich mit ängstlicher Sorge, wie ich die Reise an diesen Ort und das tagelange Meditieren auf der Ausladerampe in Birkenau durchhalten sollte, wenn ich fern davon bereits an meine physischen und psychischen Grenzen stieß? Ich fürchtete mich vor der Begegnung mit dem Ort, der Endstation so vieler Züge voller todgeweihter Menschen, meist Juden – Kinder, Frauen und Männer.

In dieser Zeit waren die Gespräche mit meinen engsten Mitarbeiterinnen hilfreich, die mir oft lachend bestätigten, dass ich im Alltag noch ganz normal sei. In meiner Not war Pia Gyger einmal mehr wegweisend. Ihrer Gabe des inspirierten Schreibens vertrauend, bat ich sie, für mich einen Text zu empfangen, der mir Ausrichtung für die chaotisch aufbrechenden Impulse geben und damit Leitlinie für meine nächsten Schritte sein konnte. Der Text von Pia Gyger enthielt vier zentrale Aspekte meiner Lebensaufgabe:

1. Die Versöhnung der im Geschlechterkampf Entzweiten, denn Mann und Frau sind zur gegenseitigen Inspiration, Heilung und Freude berufen.

2. Die Erlösung der armen Seelen, die nah an die Erde gebunden noch nicht im göttlichen Licht angekommen sind und an vielen Orten auf unserem Planeten darauf warten, dass sie den Weg zurück in den Ursprung, ins göttliche Licht und den ewigen Frieden endlich finden.

3. Die Heilung der Erde, indem wir sie als Organismus verstehen und lieben lernen, zugleich aber auch als den Ort erkennen, wo das Licht der Auferstehung im Universum sichtbar werden will.

4. Die Transformation einer menschlichen Urkraft, die Wandlung von Aggression und Gewalt in aufbauende und dem Leben dienende Kräfte. Die erste grundlegende Wandlung von Gewalt in Liebe geschah am Kreuz, verdichtete sich in der Aussage Jesu: »Vater vergib ihnen, denn sie wissen nicht, was sie tun.«

In all diesen Bereichen geht es um den priesterlichen Dienst der Wandlung, der Heilung und des Segnens. Das galt zunächst einmal für mich persönlich. Ich war herausgefordert, und bin es immer noch, mich selbst neu verstehen zu lernen und hineinzuwachsen in eine Identität, die die Grenzen des egozentrischen Ichs täglich aufbricht und von der Hingabe an den inneren Wandlungs- und Entwicklungsprozess lebt:

- von der klinischen Psychologin, die ich über das Studium an der Universität geworden bin, zur Frau, die sich für die Lichtheilungsarbeit öffnet und dabei zusammen mit anderen Menschen eigene Wege zu finden hat;
- von der im Geschlechterkampf gebundenen Frau zur Partnerin im Miteinander von Mann und Frau, insbesondere auch auf der strukturellen Ebene in Wirtschaft und Politik, in der Kirche und anderen Bereichen der Gesellschaft;
- vom Mädchen aus dem ländlichen Dorf zur Weltbürgerin, die in sich selbst Heimat gefunden hat und sich so im Kleinen wie im Großen einsetzt für eine Kultur des Friedens und der Gerechtigkeit;
- von der Bauernenkelin zur Hüterin der Erde, die trotz der Liebe zum Beruf der mütterlichen Ahnen die Universität der Bäuerinnenschule vorzog.

Pia Gygers Text beginnt mit einem Auszug aus dem Epheserbrief und mündet in einen klaren, entschiedenen Auftrag: Lichtheilung!

»Einst wart Ihr Finsternis – jetzt aber seid Ihr durch den Herrn Licht geworden. Lebt als Kinder des Lichts! ... Habt nichts gemein mit den Werken der Finsternis, die keine Frucht bringen, sondern deckt sie auf! ... Alles, was aufgedeckt ist, wird zum Licht erleuchtet. Alles Erleuchtete aber ist Licht.« (Eph. 5, 8–14)

»Lichtheilung ist deine Aufgabe!
Eintauchen in die Finsternis, um das dort verkümmerte Licht zu ent-
fachen und zum Leuchten zu bringen, dazu bist du auf die Erde ge-
kommen.

In der Kraft der göttlichen Mutter wirst du das Licht allen Lichtes in
deinem Körper, in deinen Zellen, in aller Materie entdecken und an-
sprechen lernen.

Lebe in der Kraft der kosmischen Maria! Sie wird dich weisen auf dem
Weg, Lichtfunke Christi zu sein. Sie ist dein Schutz und Schild, wenn
du die ›Werke der Finsternis‹ aufdeckst.

Der Segen der machtvollen Jungfrau, der Virgo Potens, wird durch
dich wirken, wenn du dich für die Versöhnung von Mann und Frau,
die Transformation von Aggression und Gewalt, die Heilung der Erde
und die Erlösung der unerlösten Seelen hingibst.

In der machtvollen, reinigenden und heilenden Kraft der Virgo Potens
wirst du ihrem Sohn, dem Erstgeborenen der Schöpfung, dienen.

Durch Maria wirst du das in der Finsternis verborgene Licht Christi
aufdecken.«[48]

Mein Schrecken war groß, als ich diese inspirierten Texte zu
lesen begann, und gleichzeitig beruhigte sich die schon seit
Monaten dauernde Panik, je entschiedener ich mich auf diese
Berufung und diesen Auftrag einließ. Am meisten Widerstand
löste der einleitende Satz in mir aus:»Eintauchen in die Finsternis, um das dort verkümmerte Licht zum Leuchten zu bringen, dafür bist du auf die Welt gekommen.« Welche Zumutung!
Als Psychologin war ich zwar etwas geübt darin, in den

---

48 Anna Gamma: *Lichtheilung als Weg zum Frieden*, S. 21

Schattenreichen der menschlichen Psyche zu forschen, das Eintauchen in die Finsternis der Menschheit als meine Lebensaufgabe zu sehen, war mir aber ein paar Schuhnummern oder – in den Worten von Dorothée Braun – einige Meerwellen zu groß.

Meer
Sein mondsüchtiger leib
Empfängt dich am abend
leckt an deinen zehen
fasst kalt an deine brust
– endlich –
schwebst in seiner atmenden masse
10 meter, 20 meter
30 meter dunkelheit unter dir und du weißt,
dort draußen türmen sich wellen, wellen höher als häuser
und ströme, die um die ganze erde ziehen
dort draußen sinken schiffe …
luftkind. Du schmeckst das feindliche Element, salzig,
bitter
und ahnst den schweigenden Kosmos unter dir
wogende Algenwälder, Anemonenwiesen, Korallengebirge,
nie hast du einen manta fliegen sehen
dort unten
jagen muränen, kreisen hammerhaie
sie spüren deinen herzschlag,
deinen atem
sei wasser, welle,
Meer[49]

Inzwischen sind Jahre vergangen, in deren Verlauf ich erfahren durfte, dass ich mit dieser Aufgabe nicht allein bin. Andere Menschen fühlen sich ebenso angesprochen von diesem Text.

---

49 Unveröffentlichtes Gedicht von Dorothée Braun

Ich habe Lichtheilungsseminare angeboten und auch regelmäßig Heilungs- und Versöhnungsreisen an Orte geleitet, die mich oder andere rufen.[50]

Ich begann damit, dass ich deutsche Freundinnen an Orte begleitete, die in ihrer Familiengeschichte bedeutsam sind. Wir reisten Fluchtwegen nach und besuchten verschiedene Konzentrationslager. Opfer und Täter waren uns nah, schienen mit uns zu gehen. Sie forderten uns heraus, hinzuschauen und in unsere eigenen Abgründe hinabzusteigen, um von dorther dem Leben und der Liebe zu vertrauen. Was dann geschieht, ist unbeschreiblich. Eine Geschwisterlichkeit, ja Zärtlichkeit wächst zwischen den Teilnehmenden, eine tiefe Freude breitet sich aus, denn im teilnehmenden Gewahrsein der schrecklichen Ereignisse sind auch die eigenen Sorgen, Ängste und Schmerzen geheimnisvoll aufgehoben.

Auf diesen Reisen wurde ich wie kaum je zuvor sensibilisiert für den priesterlichen Aspekt des Heilens und Versöhnens. Vielleicht ist die Erinnerung daran auch ein Geschenk des kollektiven Körpers der Menschheit an uns: Priesterinnen und Priester waren immer auch Heilende. Lehrmeisterinnen auf diesem Weg waren mir vor allem die jungen Frauen im Therapieheim Sonnenblick, das ich sieben Jahre lang leitete. Wohl war ich dafür mit vielerlei Erfahrungen ausgerüstet, hatte selbst therapeutische Prozesse durchlaufen und mir methodische Kenntnisse angeeignet, doch die Frauen ließen mich schon sehr bald spüren, dass ich damit bei ihnen nicht sehr weit kommen würde. Diese unbehagliche Konfrontation mit meinen Grenzen hatte im Rückblick viel Gutes. Ich begann zu fragen: Was heilt mich und andere? Was schließt die Wunden und gibt uns Kraft, uns mit uns selbst zu versöhnen? In den Heilungsgeschichten von Jesus

---

50 Einzelne Erfahrungsberichte sind in meinem Buch *Lichtheilung als Weg zum Frieden* nachzulesen. Nächste Reisedaten finden sich unter:
www.meditationszentrum-offenerkreis.ch

fand ich den Schlüssel dazu. Er heilte schlicht und einfach durch Berührung. Er empfand keinen Ekel vor Krankheit, Schmutz und menschlichem Elend. Wohin er kam, brachte man Kranke zu ihm, und Jesus segnete sie. Das war es also, was ich lernen musste: zu berühren und mich berühren zu lassen, ohne Wenn und Aber. Heilung wird dann möglich, wenn es gelingt, ohne Vorurteile einfach ganz da zu sein, in Berührung zu sein mit dem Schmerz, der Scham und der Schuld. Dann beginnt das verkümmerte Licht wieder zu leuchten.

Diese Fähigkeit der Berührung ist an keine professionelle Ausbildung gebunden. Sie verlangt von uns lediglich eine grenzenlose Offenheit und die Bereitschaft, sich vorbehaltlos vom anderen, auch dem Fremden, vom Schmerz und der Freude in der Welt berühren zu lassen. Diese Haltung führt aus aller ohnmächtigen Resignation angesichts des Weltgeschehens heraus. Jeder und jede kann etwas tun, beispielsweise im Anschluss an das Hören von Nachrichten über schlimme Ereignisse in der Welt. Im Wissen darum, dass jeder Segen, jedes Gebet wirkt, lade ich Sie ein, liebe Leserin, lieber Leser, die Lektüre für einen Moment zu unterbrechen und das göttliche Licht in der Dunkelheit der Welt anzusprechen: in den Kriegen, den Terrorakten, den Katastrophen. Segnen heißt berühren. Gottes Geist wirkt, wo und wie er will. Im Segnen wird die Kraft der Heilung durch uns lebendig.

Eine der mir wichtigsten Lichtheilungsmeditationen[51] praktizieren wir regelmäßig im Meditationszentrum, in dem ich zurzeit lebe. Wir visualisieren dabei ein Lichtkreuz mit dem Zentrum im eigenen Herzen und ein zweites Lichtkreuz in der Mitte unseres Kreises. In dieses göttliche Licht werden Menschen eingeladen, die es gerade besonders nötig haben: Freunde, Bekannte, Opfer und Täter aus allen Erdteilen. Am

---

51 Die Langfassung ist im Anhang zu finden.

Ende verbinden wir uns mit den Lichtkreuzen, die wir auf den Versöhnungsreisen bereits errichtet haben: in Berlin und Jerusalem, in Auschwitz und Dachau, in Hiroshima und Los Alamos, in Ibayo und Pristina, am Hauptsitz der Vereinten Nationen in New York und dem Sitz der UN in Genf ... In den anschließenden Austauschrunden wird immer wieder voller Dankbarkeit erwähnt, wie gut es tut, sich zusammen mit Gleichgesinnten für die Welt zu engagieren.

»Lasst euch als lebendige Steine zum geistlichen Haus aufbauen ...«

Auf den Versöhnungsreisen erinnere ich mich gerne an die kosmischen Liturgien von Teilhard de Chardin in den Wüsten Chinas. Ich begann, Rituale zu feiern, die, so stellte ich mit der Zeit fest, die Tradition der frühchristlichen Agapefeier aufgriffen. Diese Liturgien waren damals nicht im luftleeren Raum entstanden. Die frühchristlichen Gemeinden lebten eingebettet in den jüdischen Kulturraum. So weisen ihre Gottesdienste starke Bezüge zum Sabbat auf. Wer einmal offenen Herzens an einer solchen Feier am Freitagabend teilnehmen konnte, wird bald feststellen, wie tief die christlichen Mahlfeiern in der jüdischen Tradition verwurzelt sind. Wohl weiß ich, dass jede Religion ihre je eigenen Absolutheitsansprüche hat, verbunden mit Exklusivität in Theologie, Philosophie, Form und Ritus. Seit ich jedoch in Auschwitz zum ersten Mal die buddhistische Feier »Das Tor des süßen Nektars« miterleben durfte – eine Mahlfeier, in der die hungrigen Geister eingeladen und genährt werden –, frage ich mich, ob die Heiligkeit des Teilens von Grundnahrungsmitteln, physischen wie seelischen, das Teilen von Brot und Reis, Liebe und Mitgefühl, nicht ebenso zum kollektiven Weisheitswissen der Menschheit gehört wie der Archetyp des Priesters bzw. der Priesterin. Und werden wir nicht erst dann zu den von Petrus im obigen Zitat (1. Pet. 2, 5) erwähnten lebendigen Steinen, wenn wir füreinander Brot sind, Gebende, Beschenkte und Gabe zugleich?

Da an den Versöhnungsreisen immer auch Menschen nicht-christlichen Glaubens teilnehmen, sind die Agapefeiern inter-religiös gestaltet. Indem ich nun den Ablauf einer solchen Feier schildere, möchte ich andere Menschen ermutigen, selbst Liturgien zu entwickeln, in denen sie ihre priesterliche Berufung mit anderen teilen, den sakralen Raum, das geistliche Haus gemeinsam aufbauen und sich damit gegenseitig in der Mitwirkung am kosmischen Wandlungsprozess bestärken.

Die Agapefeier gliedert sich im Wesentlichen in sieben Teile: Begrüßung, Eröffnungsgebete, Lesung eines profanen Textes und/oder einer Passage aus dem Kanon der heiligen Bücher der von Teilnehmenden praktizierten Religionen. Danach folgen Austausch über den Text in kleinen Gruppen oder im Plenum, Gabenbereitung, Segensgebet, Teilen der Speisen wie Brot und Wein und ein Schluss(tanz)lied. Zur Vorbereitung werden die Teilnehmenden gebeten, Lieder, Gebete und liturgische Tänze mitzubringen. Die Leiterin der Liturgie koordiniert die Beiträge. Stühle werden im Kreis aufgestellt, in der Mitte ein Tisch mit Blumen, einer Kerze, Brot und Wein bzw. Wasser. Der Kreis macht deutlich, dass die übliche Hierarchie transzendiert wird und jeder/jede im eigenen Priestersein eingeladen und angesprochen ist.

1. Begrüßung: »*Im Namen des Urgrundes aller Schöpfung begrüße ich euch zu dieser Feier. Ihr seid alle eingeladen, das Leben zu feiern und entsprechend der eigenen religiösen Tradition die letzte Wirklichkeit anzusprechen. Wir rufen alle kosmischen Lichtkräfte herbei, uns auf unserem Weg zu begleiten und uns zu unterstützen, dass wir uns immer mehr öffnen können für die Multidimensionalität unserer eigenen Existenz. Wer mag, kann Engel bei ihrem Namen nennen und sie zu dieser Feier einladen.*«

2. Eröffnungsgebet: *»Letzte Wirklichkeit, wir sind hier versammelt, um unsere Verbundenheit mit der ganzen Schöpfung zu bezeugen und zu feiern. Wir sprechen Dich an mit den Namen der Traditionen, die durch die hier anwesenden Menschen vertreten sind.«* In die Stille hinein werden verschiedene Namen genannt. *»Wir grüßen Dich in der ganzen Schöpfung und in uns selbst. Möge die Feier die Erfahrung der Einheit mit Dir stärken, sodass wir in Einklang mit Dir unser Leben gestalten.«* Es folgen weitere Gebete und/oder Lieder von Teilnehmenden. Abschließend wird ein Lied gesungen, beispielsweise der Wechselgesang: *»Ubi caritas et amor, Deus ibi est.«* (»Wo Güte ist und Liebe, da ist Gott.«)

3. Schriftlesung: Wir hören nun einen Text aus einer heiligen Schrift oder einen anderen spirituellen Text. Danach tauschen die Teilnehmenden aus, welche Stelle sie angesprochen hat und welche Impulse sie für ihr eigenes Leben daraus gewinnen.

4. Gabenbereitung: *»Mit den Gaben von Brot und Wein legen wir unser eigenes Leben in die Mitte. Ich lade alle Teilnehmenden ein, ihre Freuden, Sorgen und Ängste auszusprechen und für sich und die Not in der Welt zu bitten.«*

5. Segensgebet: Die Leiterin der Liturgie spricht vor, die anderen sprechen die Sätze einzeln nach. Die Teilnehmenden stehen dazu auf, und wer mag, hält die Hände segnend über Brot und Wein: *»Im Namen des Urgrundes allen Lebens segne ich dieses Brot, Zeichen des Wachstums und der Entwicklung. Möge das Brot die Gemeinschaft unter uns und die Erfahrung der Einheit mit der Menschheit, der Erde und dem ganzen Universum kräftigen. – Im Namen des Urgrundes allen Lebens segne ich diesen Wein, Zeichen des Leidens und Sterbens. Möge der Wein unser Vertrauen in den Urrhythmus des Lebens stärken.«*

Danach werden die Teilnehmenden gebeten, sich umzudrehen und sich der Welt zuzuwenden. Die Hände können segnend erhoben bleiben. »*Im Namen der letzten Wirklichkeit segne ich alles, was heute in meinem eigenen Leben, auf dem Planeten Erde und im Universum abnehmen und sterben wird.*« Die Teilnehmenden können hier Namen und Orte nennen.

»*Im Namen der letzten Wirklichkeit segne ich alles, was heute in meinem eigenen Leben, auf dem Planeten Erde und im Universum blühen und reifen wird.*« Wieder werden Namen und Orte genannt.

In einem weiteren Schritt werden die Teilnehmenden eingeladen, sich gegenseitig zu segnen. Dazu werden die Hände auf den Kopf des zu Segnenden gelegt und wie folgt begonnen: »*Im Namen der letzten Wirklichkeit segne ich dich und dein Leben …*« Hier kann mit einem individuellen Segen ergänzt werden. Der Segen wird abgeschlossen mit einem Segens- bzw. Friedenslied aus einer der verschiedenen Traditionen.

6. Agape: Nun folgt das Teilen von Brot und Wein. Zur Einleitung kann beispielsweise das Gebet von Pia Gyger zum Universalen Christus gemeinsam gesprochen werden.

7. Schlusstanzlied: Zum Abschluss wird ein einfaches Kreistanzlied gesungen, etwa: «*From you I receive, to you I give, together we share, by this we live.*« (»Von dir empfange ich, an dich gebe ich, gemeinsam teilen wir, davon leben wir.«)

Inspiration und Ermutigung, zu Agapefeiern einzuladen, war für mich neben Bernie Glassman noch ein weiterer Mann: Willigis Jäger. Vom Priesteramt suspendiert, hört er nicht auf, zu schlichten Liturgien einzuladen, in denen Brot und Wein gesegnet, das Brot gebrochen, ausgeteilt und gegessen und der Wein getrunken wird. Für die Feiern, an denen ich teilnehmen durfte, hatte er Orte gewählt, wo sich das tägliche Leben abspielt, den

Innenhof oder auch die Terrasse des Tagungshauses. Für mich brachte er damit zum Ausdruck, dass jeder Ort heilig genug ist, um Gottes Gegenwart zu feiern. Die Menschen werden zu »lebendigen Steinen« und bilden gemeinsam einen sakralen, geistlichen Raum.

Kann es sein, dass sich damit eine weitere neutestamentliche Verheißung erfüllen wird und wir den eigenen Körper als Tempel des Heiligen Geistes wahrnehmend erkennen?

Wir leben immer schon in einem sakralen Raum, haben ihn stets mit dabei. Es ist an der Zeit, dass nicht nur einzelne begnadete Menschen diese beglückende Erfahrung machen dürfen. Bereits vor 2000 Jahren schrieb Paulus als Visionär an seine Gemeinde, Gott sei im eigenen Leib zu verherrlichen. Von sündigem Fleisch kann da nicht die Rede sein. Im Gegenteil! Was geschähe, wenn das Wissen um die Heiligkeit des eigenen Körpers im Alltagsbewusstsein vieler Menschen verankert wäre? Ganz bestimmt würde sich manches fundamental ändern: unser Körperbewusstsein insgesamt, aber ganz besonders auch unser Umgang mit Sexualität. Konturen befreiter Sexualität beschreiben meine Kolleginnen, Sabine Lichtenfels und Pia Gyger. Auch unsere Beziehung zu Besitz und das Verhältnis zur Macht würden wir neu gestalten. Wir würden ganz natürlich erkennen, dass uns jeder Besitz als Leihgabe anvertraut ist und dass die neue Macht aus der Seinsmitte des eigenen Herzens lebt. Im Wissen darum, dass auch jeder andere Mensch ein heiliges Gefäß der letzten Wirklichkeit ist, würden wir neue Formen der Beziehungsgestaltung finden, geprägt von Leichtigkeit und Freude. Während meiner letzten Reise auf den Spuren von Pater Lassalle in Japan bekam ich in der Begegnung mit der zen-buddhistischen Tradition dazu neue Inspiration und eine tiefe Gewissheit.

Ortlose sakrale Räume

Mit einer Gruppe von dreißig Personen waren Dieter Wartenweiler, Niklaus Brantschen und ich zwei Wochen im Südwesten Japans unterwegs. Wir besuchten die Orte, an denen Pater Lassalle gelebt und gewirkt hat, sowie die Tempel, in denen er sich in der Zen-Meditation übte. Als kulturelles »Muss« hatten wir auch die Tempelstadt Kyoto ins Reiseprogramm aufgenommen. Schon am zweiten Tag fiel uns auf, dass bei allen kulturellen Unterschieden zwischen Japanern und Europäern sehr große Ähnlichkeiten bestehen hinsichtlich ihrer religiösen Praxis bzw. Nicht-Praxis. Obwohl sich ein UNESCO-Kulturerbe ans andere reiht und die Schönheit der Tempelbauten und Zen-Gärten viele Besucher aus aller Welt anlockt, wird deutlich, dass in den Sakralräumen kaum mehr eine spirituelle Praxis lebendig ist. Sie fühlen sich ebenso leer und museal an wie viele große Kathedralen in Europa. Ich fand bestätigt, was namhafte Zen-Meister bereits im letzten Jahrhundert zum Ausdruck brachten: Die Zen-Meditation ist in Japan am Aussterben. Der leitende Priester eines Tempels sah sogar das Ende der buddhistischen Tradition überhaupt in naher Zukunft kommen. Dazu ist wichtig zu wissen, dass der Buddhismus in Japan primär von der Ahnenverehrung lebt. In jedem Tempel gibt es einen speziellen Raum, der den Toten geweiht ist. Priester und Tempeldiener werden dafür bezahlt, dass sie die Ahnen bestimmter Familien in besonderen Liturgien ehren und würdigen. Doch dieser Brauch verliert in der Postmoderne immer mehr an Bedeutung. Damit versiegen auch die Geldquellen, die den Erhalt eines Tempels garantieren. Ähnlich steht es auch um viele Kirchen in unseren Großstädten. Immer weniger Menschen besuchen die sonntäglichen Gottesdienste. Und wenn man sich umschaut, findet man unter ihnen kaum noch junge Menschen. Bereits wird öffentlich über mögliche Umnutzungen von Kirchen nachgedacht (und in einigen Fällen ist diese sogar schon umgesetzt).

Was hat diese Entwicklung zu bedeuten? Sind die Menschen heute weniger spirituell? Ist Gott tot? Oder ist Religion etwa nur Opium fürs Volk in Notzeiten?

Während ich mich für die Schönheit der Gärten und Tempel von Kyoto öffnete, fragte ich mich, welche Prunkbauten denn heute anstelle von Kathedralen in den Architekturbüros entworfen und später auch gebaut werden. Die Antwort war schnell da: Sporttempel, Autobahnen, Einkaufszentren, Banken und Tankstellen. Auch im Herzen der Stadt Zürich sind die Eingänge der schweizerischen Großbanken Ehrfurcht gebietende Hallen. Welchen Spiegel halten diese »Mega«-Bauten unserer Gesellschaft vor? Stehen sie nicht einzig für Geldgier, Kauflust, Geschwindigkeit, Wettbewerb und Vergnügen? Immer nachdenklicher geworden, suchte ich das Gespräch mit Niklaus Brantschen und fragte ihn, was seiner Meinung nach die kulturelle Leistung der heutigen Zeit sei. Was ich von ihm hörte, erfüllte mich mit großer Erleichterung und Freude. Heute gehe es weniger darum, sakrale Kunstwerke zu bauen. Die wesentliche Leistung, die unsere Zeit überdauern werde, sei vielmehr der Aufbau einer Dialog- und Begegnungskultur über alle Grenzen von Kultur, Religion, Geschlecht, Status und Bildung hinweg.

Solche Begegnungsräume, wie sie etwa auch Annette Kaiser im Globalen Forum beschreibt, sind von Respekt und Wertschätzung geprägt. Das Gespräch wird ganz natürlich verwoben sein mit Zeiten der Stille, in der die Weisheit der Gruppe zunächst wortlos vernommen wird. Jedes Mitglied der Gruppe trägt durch seine wache Aufmerksamkeit dazu bei, dass ein ortloser sakraler Raum entstehen kann, der eine tiefe Selbstbegegnung ermöglicht und uns gemeinsam öffnet für den Ursprung des Seins. Es wird nicht mehr von so großer Bedeutung sein, wer die Erkenntnisse in Worte fasst. Unsere Identität wird sich von einem abgekapselten Ich in ein »Ich/Wir« transformieren. Damit ist die Basis gegeben, um gemeinsam aus der Illusion der

Getrenntheit zu erwachen und als »lebendige Steine« das neue geistliche Haus der Erde aufzubauen.

Ich träume davon, dass eine solche Begegnungskultur nicht nur während einer intensiven Arbeitswoche unter mehr oder weniger Gleichgesinnten oder in einer alternativen Gesellschaftsform eingeübt und etabliert wird. Ich möchte damit diese Pionierarbeiten keineswegs schmälern, sie sind wichtige Meilensteine im Aufbruch zu einer neuen Zivilisation. Ich träume davon und engagiere mich dafür, dass diese Form der Begegnung und Zusammenarbeit auch in der Wirtschaft und in anderen Bereichen der Gesellschaft kulturprägend wird. Ich träume davon, dass eine Zeit kommen wird, in der Mann und Frau gemeinsam die Segensworte über Brot und Wein sprechen, gleichsam als Keimzelle der königlichen Priesterschaft für die neue Zeit. In diesen Träumen begleiten mich zwei Sprüche, die vor einigen Jahren häufig zu lesen waren: »Wenn viele kleine Leute an vielen Orten kleine Schritte tun, dann wird sich die Welt verändern« und »Wenn jemand alleine träumt, ist es nur ein Traum. Wenn viele gemeinsam träumen, ist das der Beginn einer neuen Wirklichkeit. Träumt unseren Traum!«

Die Zeit ist reif …

Die Zeit ist reif, dass wir, unserer Berufung folgend, Erde und Himmel in und um uns verbinden. Die Zeit ist reif, dass ganz gewöhnliche Menschen wie Sie und ich sich des göttlichen Ursprungs wieder erinnern und hineinwachsen in ein Bewusstsein dessen, dass die priesterliche Berufung nicht nur für »Auserwählte« bestimmt ist.

Wir alle sind auserwählt, als priesterliche Menschen täglich heilend, wandelnd und segnend mitzuwirken am großen Wandlungsgeschehen von Erde und Menschheit. In jedem Segen ehren und würdigen wir das Gegenüber. Wir sprechen damit die

Tiefe des Seins an, ehren und würdigen somit die ganze Schöpfung. In diesem einfachen Gestus aktivieren und fördern wir ein spirituelles Feld, in dem der Krieg überwunden und der Frieden dauerhaft eingepflanzt wird. Hier beginnt die neue Zivilisation, hier beginnt das größte Abenteuer des Lebens. Lassen Sie uns heute damit beginnen!

Anhang –
Lichtkreuzmeditation

»Einst wart Ihr Finsternis – jetzt seid Ihr durch den Herrn Licht geworden. Lebt als Kinder des Lichts!« (Eph. 5,8)

1. Beginnen Sie mit einer kurzen Zentrierungsübung wie zum Beispiel: Nehmen Sie Ihren Atmen wahr. Nehmen Sie wahr, wie er ein- und ausströmt. Folgen Sie diesem Lebensrhythmus und werden Sie gewahr, wie sich der Körper entspannt. Gehen Sie dann mit Ihrer Aufmerksamkeit zu den Füßen, spüren Sie durch die Beine hoch in den Bauch- und Beckenraum, in den Herzraum, in die Schultern, Arme, Hände, in den Hals und Kopf. Spüren Sie sich von Kopf bis Fuß.

2. Verbinden Sie sich mit Maria und grüßen Sie sie:
   Ave Maria, Virgo Potens, Königin aller sichtbaren und unsichtbaren Welten, segne mich.
   Ave Maria, Mutter aller unerlösten Schöpfung, beschütze mich.
   Ave Maria, erste Lichtgestalt der Erde, weihe mich.

3. Visualisieren Sie eine Lichtsäule, die Sie vollkommen umschließt. Reines, vollkommenes Licht fließt aus der Herzmitte des Kosmos durch Sie hindurch in die Herzmitte der Erde. Die Quelle des Lichtes ist der auferstandene Christus.

4. Fühlen Sie, wie das Licht beim Einatmen durch die Poren Ihrer Haut aufgenommen wird und Ihr ganzes Wesen erfüllt.

Stellen Sie sich beim Ausatmen vor, dass das Licht alles Negative aus Körper und Seele mitnimmt und transformiert. Das Licht durchflutet Sie. Vertrauen Sie dieser fließenden Lichtenergie. Sie reinigt und heilt. Sie erweckt Sie zur Liebe.

5. Richten Sie Ihre Aufmerksamkeit auf Ihr Herz. Spüren Sie dem Rhythmus des Herzens nach. Werden Sie eins mit diesem Rhythmus. Lassen Sie sich auf die Tiefe Ihres Herzens ein, die Quelle des Lichtes und der Liebe in Ihnen.

   Atmen Sie aus Ihrem Herzen in die Horizontale. Licht fließt aus Ihrer Herzmitte in die Lichtsäule. Überlassen Sie sich dem Strömen des Lichtes. Es formt sich ein Lichtkreuz mit dem Zentrum in Ihrem Herzen.

   Wenn Sie in einer Gruppe meditieren, öffnen Sie sich für den Lichtkreis, den Sie gemeinsam bilden.

6. Visualisieren Sie eine zweite Lichtsäule vor sich oder in der Kreismitte, falls Sie in der Gruppe meditieren. Licht strömt aus der Herzmitte der Erde in die Herzmitte des Kosmos.

   Atmen Sie Licht aus Ihrer Herzmitte in die Lichtsäule. Es formt sich ein Lichtkreuz vor Ihnen oder in der Kreismitte.

7. Das Licht strahlt auf Sie oder die Gruppe zurück. Es erfüllt den Raum, das Haus, den Ort, das Land, den Kontinent, umhüllt und durchdringt die Erde. Das Licht reinigt und heilt alle Orte und alle Zeiträume.

8. Rufen Sie Menschen und Völker, Lebende wie Tote, die Licht und Liebe besonders nötig haben, und laden Sie sie ein, im Lichtkreuz zu stehen.

Zum Abschluss laden Sie alle ein, die darauf warten, ins Licht gehen zu dürfen und noch nicht beim Namen gerufen wurden.

Literaturhinweise

Literatur zur Einführung
von Anna Gamma

Hans Küng: *Weltethos für Weltpolitik und Weltwirtschaft.* Piper, München 1997

Paul Pearsall: *Heilung aus dem Herzen.* Goldmann, München 1999

Pierre Teilhard de Chardin: *Die Menschliche Energie.* Walter, Olten 1982

Claus Otto Scharmer: *Theorie U. Von der Zukunft her führen. Presencing als soziale Technik.* Carl-Auer, Heidelberg 2013

Anna Wise: *Awakening the Mind – A Guide to Mastering the Power of Your Brain Waves.* Tarcher/Penguin Putnamm Inc., New York (USA) 2002

Yamada Kôun Roshi: *Die torlose Schranke – Mumonkan.* Kösel, München 2011

Literatur zum Artikel
von Annette Kaiser

Adi Da: *Das Eine, das ist.* Hans-Nietsch-Verlag, Emmendingen 2009

Adi Da: *Nicht-Zwei ist Frieden.* Hans-Nietsch-Verlag, Emmendingen 2010

Sri Aurobindo: *Das göttliche Leben.* 3 Bände, hinder & deelmann, Gladenbach 1991

Literatur zum Artikel
von Sabine Lichtenfels

Dieter Duhm: *Die heilige Matrix*. Verlag Meiga, Belzig 2010
Dieter Duhm: *Zukunft ohne Krieg*. Verlag Meiga, Belzig 2006
Sepp Holzer: *Wüste oder Paradies – Holzer'sche Permakultur jetzt! Von der Renaturierung bedrohter Landschaften über Aqua-Kultur und Biotop-Aufbau bis zum Urban Gardening*. Leopold-Stocker-Verlag, Graz 2011
Sabine Lichtenfels: *Grace – Pilgerschaft für eine Zukunft ohne Krieg*. Verlag Meiga, Belzig 2007

Literatur zum Artikel
von Pia Gyger

David Bohm: *Wholeness and the Implicate Order*. Routledge & Kegan Paul Ltd., London 1980
Niklaus Brantschen/Pia Gyger: *Jerusalem – Offene Stadt zum Erlernen des Friedens in der Welt*. Broschüre des Lassalle-Instituts, Edlibach 2006
Niklaus Brantschen/Maria-Christina Eggers/Pia Gyger: *Spirituelle Feldbildung*. Broschüre des Lassalle-Instituts, Edlibach 2010
Ermin Döll (Hrsg.): *Der Weg der Meister I und II –Texte von Meister Eckhart, Johannes Tauler, Heinrich Seuse, Angelus Silesius*. Meditationshaus St. Franziskus, Dietfurt/Altmühltal 1988
Pia Gyger: *Hört die Stimme des Herzens*. Kösel, München 2006
Pia Gyger: *Maria, Tochter der Erde – Königin des Alls*. Kösel, München 2002
Pia Gyger: *Mensch verbinde Erde und Himmel*. Rex Verlag, Luzern 1993
Ervin Laszlo: *Kosmische Kreativität*. Insel, Frankfurt a. M. 1997

Robert Muller: *First Lady of the World*. World Happiness & Co-
operation, Anacortes, WA (USA) 1991
Henri Nouwen: *Die Gabe der Vollendung*. Herder, Freiburg 2004
Pierre Teilhard de Chardin: *Die Menschliche Energie*. Walter,
Olten 1966
Renée Weber (Hrsg.): *Wissenschaftler und Weise*. Rowohlt, Rein-
bek 1992
Yamada Kôun Roshi: *Die torlose Schranke – Mumonkan*. Kösel,
München 2011

Literatur zum Artikel
von Anna Gamma

Anna Gamma: *Lichtheilung als Weg zum Frieden*. Kösel,
München 2005
Pia Gyger: *Hört die Stimme des Herzens*. Kösel, München 2006
C. G. Jung: *Grundwerk C. G. Jung, Band 2*. Walter, Olten 1984
Günther Schiwy (Hrsg.): *Das Teilhard de Chardin Lesebuch*.
Walter, Olten 1987
Pierre Teilhard de Chardin: *Das Herz der Materie*. Walter,
Olten 1998
Ken Wilber: *Vom Tier zu den Göttern*. Herder, Freiburg 1997

Leidenschaftliche Spiritualität

Die bekannte Sufi-Lehrerin Annette Kaiser verdeutlicht in Kommentaren zu den zeitlosen Versen der Mystikerin Lallaji den Reifungsprozess der Seele auf dem spirituellen Weg. Lallaji, eine berühmte indische Mystikerin und Dichterin aus dem 14. Jahrhundert, wird noch heute von Hindus, Moslems und Sikhs verehrt. Sie befreite sich schon als junge Frau von den Regeln ihrer Kaste und pflegte eine kontinuierliche, sehr offene spirituelle Praxis.

Annette Kaiser schaut auf Lallajis Poesie aus einem sehr menschlichen Blickwinkel und zeigt, wie die Gedichte einer Kämpferin für die Freiheit durch ihr Feuer unsere heutige spirituelle Praxis bereichern können. So leidenschaftlich kann weibliche Spiritualität sein!

Annette Kaiser
Freiheit, ein einziger Aufschrei nur
Über die indische Mystikerin Lallaji
160 Seiten, Hardcover – mit CD
ISBN 978-3-89901-464-8

 THESEUS

theseus-verlag.de

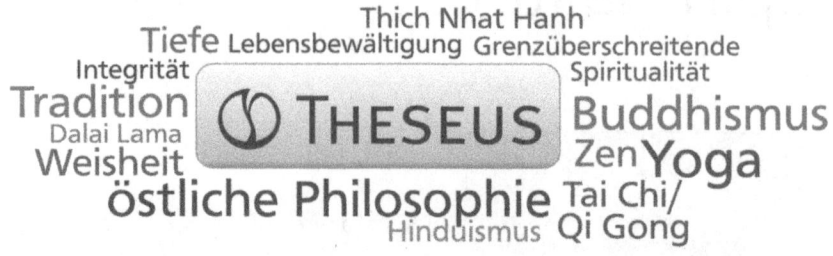

Mit Liebe fürs Detail und für die Umwelt

Bei der Auswahl der Inhalte, die wir präsentieren, achten wir auf Originalität, Kompetenz, Praxisrelevanz und Qualität. So können wir mit Herz und Seele hinter unseren Büchern, Hörbüchern, Filmen und den anderen Produkten stehen, die wir mit viel Liebe und Aufmerksamkeit bis ins letzte Detail fertigen.

Wir leisten einen aktiven Beitrag zum Umweltschutz und verbrauchen nur wirklich notwendige Ressourcen — so sparsam wie möglich. Wir arbeiten ausschließlich mit 100% Recyclingpapieren und setzen auf kurze Transportwege (u.a. Fertigung unserer Produkte in Deutschland).

Inspirationen, interessante und wertvolle Neuigkeiten, Wahres, Schönes & Gutes sowie wichtige Termine können Sie regelmäßig in unserem Newsletter erfahren oder hier: **www.facebook.com/weltinnenraum**

weltinnenraum.de

J.Kamphausen | Mediengruppe